Illustrazione Grafica Extra:  www.freepik.com
Grazie a Alekksall, Starline, Pch.vector, Rawpixel.com,
Vectorpocket, Dgim-studio, Upklyak, Macrovector,
Stockgiu, Pikisuperstar & Freepik.com Designers

Scoprire i Giochi Gratuiti Online

Disponibile Qui:

**BestActivityBooks.com/FREEGAMES**

# 5 CONSIGLI PER INIZIARE

## 1) COME RISOLVERE LE PAROLE INTRECCIATTE

I puzzle hanno un formato classico:

- Le parole sono nascoste senza spazi o trattini,...
- Orientamento: Le parole possono essere scritte in avanti, indietro, verso l'alto, verso il basso o in diagonale (possono essere invertite).
- Le parole possono sovrapporsi o intersecarsi.

## 2) APPRENDIMENTO ATTIVO

Accanto ad ogni parola c'è uno spazio per scrivere la traduzione. Per incoraggiare l'apprendimento attivo, un **DIZIONARIO** alla fine di questa edizione vi permetterà di controllare e ampliare le vostre conoscenze. Cerca e scrivi le traduzioni, trovale nel puzzle e aggiungile al tuo vocabolario!

## 3) SEGNARE LE PAROLE

Puoi inventare il tuo sistema di segni. Forse ne usi già uno? Per esempio, puoi segnare le parole difficili da trovare con una croce, le parole preferite con una stella, le parole nuove con un triangolo, le parole rare con un diamante, e così via.

## 4) STRUTTURARE L'APPRENDIMENTO

Questa edizione offre un **TACCUINO** alla fine del libro. In vacanza, in viaggio o a casa, puoi organizzare facilmente le tue nuove conoscenze senza bisogno di un secondo quaderno!

## 5) AVETE FINITO TUTTE LE GRIGLIE?

Nelle ultime pagine di questo libro, nella sezione della **SFIDA FINALE**, troverete un gioco gratuito!

**Facile e veloce!** Dai un'occhiata alla nostra collezione di libri di attività per il tuo prossimo momento di divertimento e **apprendimento,** a portata di clic!

Trova la tua prossima sfida su:

BestActivityBooks.com/MioProssimoLibro

# Ai vostri posti, pronti...Via!

Sapevi che ci sono circa 7.000 lingue diverse nel mondo? Le parole sono preziose.

Amiamo le lingue e abbiamo lavorato duramente per creare libri di altissima qualità. I nostri ingredienti?

Una selezione di argomenti adatti all'apprendimento, tre buone porzioni di intrattenimento, una cucchiaiata di parole difficili e una spolverata di parole rare. Li serviamo con amore e entusiasmo in modo che tu possa risolvere i migliori giochi di parole e divertirti imparando!

-------

La vostra opinione è essenziale. Puoi partecipare attivamente al successo di questo libro lasciandoci un commento. Ci piacerebbe sapere cosa ti è piaciuto di più di questa edizione.

Ecco un link veloce alla pagina dell'ordine:

BestBooksActivity.com/Recensione50

Grazie per il vostro aiuto e buon divertimento!

*Tutta la squadra*

# 1 - Salute e Benessere #2

```
G N I F L R O U O F Y F U L J L
E N E I G Y H E T A J O H G T G
N F I M K L M L G N I R Æ N R E
E S K M K Q X N B J A D G I B J
T Y F Z A H N C Q Z L Ø E R L S
I K I H O T U T I L L Y N E O A
K E M N L W I Q E U E E E R D S
K H Y S W V K V B L R L R D O S
Z U A P P E T I T T G S G Y N A
W S W P C L V M K S I E I H G M
E C R O R J P O X A E H R E U O
D C N R J S L T U G L H E D E D
V P R K S P U A T X A O I Y E K
U L D I E T T N N U S U R P K Y
E T Z V E K T A S E Q E B I A S
E R F Q U I N F E K S J O N K E
```

ALLERGI
ANATOMI
APPETITT
KALORI
KROPP
DIETT
FORDØYELSE
DEHYDRERING
ENERGI
GENETIKK

HYGIENE
INFEKSJON
SYKDOM
MASSASJE
ERNÆRING
SYKEHUS
VEKT
BLOD
SUNN
VITAMIN

# 2 - Aggettivi #2

```
S F K I D R A M A T I S K R K M
A X K R N L J X B K B D T J A P
M V Z R E T N A G E L E C X V Z
J Y Y Ø R A E A N S V A R L I G
N N E T C Q T R S Z E W H Y T M
L Y A O W W S I E O P X Y C K S
S U L T E N Ø X V S Y A L K U U
A K L P D I T H E K S B R S D N
A S T T H D F W O O M A H Z O N
M I E F Q W S H N E C D N Z R F
B T W O J G Z A D G O E J T P N
U N S T O L T P Q M Z U S B A M
D E D N E V I R K S E B L E D E
K T P U F V Q Y F A C Z M N R G
X U S T E R K D N L A M R O N K
N A T U R L I G L T M Ø R E B Y
```

SULTEN
TØRR
AUTENTISK
KREATIV
BESKRIVENDE
SØT
DRAMATISK
ELEGANT
BERØMT
STERK

INTERESSANT
NATURLIG
NORMAL
NY
STOLT
PRODUKTIV
REN
ANSVARLIG
SALT
SUNN

# 3 - Ingegneria

```
P F W U M G L R M Y G D S E Z A
T E R L Å P B E V A P W R P D R
Y N E E L S Y T I J S E U J P M
M Y K S M Y P E N N D K A P R P
U R A E A D B M K O I C I B U P
Y A P I R M R A E J S B P N T L
A O S D G O C I L S T V Æ S K E
V K A O A T Q D F A R I N Y U K
Y A S V I O J U X T I L U C R R
G A L E D R A B O O B X Q E T Y
I K U Y R I X I K R U T I M S T
I Z N O J S K U R T S N O K V S
E N E R G I L D H O J D Y B D E
S T A B I L I T E T O C Q H J B
T U C P W O S H T Y N B A P K A
B E R E G N I N G X M B B J D H
```

| | |
|---|---|
| VINKEL | SPAKER |
| AKSER | VÆSKE |
| BEREGNING | MASKIN |
| KONSTRUKSJON | MÅL |
| DIAGRAM | MOTOR |
| DIAMETER | DYBDE |
| DIESEL | FREMDRIFT |
| DISTRIBUSJON | ROTASJON |
| ENERGI | STABILITET |
| STYRKE | STRUKTUR |

# 4 - Archeologia

```
K G Y S V U R D E R I N G O E D
O E H B I G L E M T Q H C B F C
G N R C Q V L G A H T N E J K U
R Q F A M U I R E T S Y M E T V
A C I Y M K S L T F I O H K H F
V H Y Z E I V K I L E R Q T O O
D L I Q B A K T Q S B E V E E S
O S J O N R G K C S A K B R S S
B P R O F E S S O R X S Æ K Y I
F O R S K E R O J J I J J R L L
S E T T E R K O M M E R P O A T
E K S P E R T W X X Y O O G N V
I M I Q G X F X U I A R B M A B
Y W E J W E P T E M P E L U X B
Y O L X Q B U B E I N W K G U S
A N T I K K E N Y D V I Q K W J
```

ANALYSE

ANTIKKEN

KERAMIKK

SIVILISASJON

GLEMT

ETTERKOMMER

ÆRA

EKSPERT

FOSSILT

MYSTERIUM

OBJEKTER

BEIN

PROFESSOR

RELIKVIE

FORSKER

UKJENT

TEAM

TEMPEL

GRAV

VURDERING

# 5 - Salute e Benessere #1

```
A A B V F S O P A N Z N J M B W
T N K Z B F T A X K L M O E A I
O A C M Z S M R S R T Z M D K K
L M Y V A S Y V F H M I K I T I
G E U Q P B I N G R U H V S E Y
N B T S K E L F E R S T W I R H
I Y H D H H V D Z T K B L N I O
N W Y V U A O A L U L Q R Z E L
P I S V D N V U N J E R E H A D
A R T R D D K S Y E R F N Ø P N
L E G E U L S U L T T Y O Y O I
S V S U R I V L U T A E M D T N
V R O N B N B T D Z R F R E E G
A E J A I G G U L F D O O A K T
X N K L I N I K K X C K H K P G
K Q S Q A I E R L F A D M A A I
```

| | |
|---|---|
| VANE | MUSKLER |
| HØYDE | NERVER |
| AKTIV | HORMONER |
| BAKTERIE | HUD |
| KLINIKK | HOLDNING |
| SULT | REFLEKS |
| APOTEK | AVSLAPNING |
| BRUDD | TERAPI |
| MEDISIN | BEHANDLING |
| LEGE | VIRUS |

# 6 - Aggettivi #1

```
L L G N A K S I T O S K E E R Y
A A D V K B U K D V E C E J Q I
N N E T W U S N I B I B G N U B
G G I O K T W O S Ø R E N E J S
P S Q Q C P B Y L T P V U L X R
G O M O D E R N E U N G T L A Æ
I M Z M D X O S A Y T E N U K R
T D K F J S T M R B K T R F J L
K V E N H Ø S W O Z S Q N I N I
I W R N E I P Q M T Y N N D S G
V Z K P T S U B A E N I C R V K
I C U X C I M K T W B F A E V Y
T R R H R B S T I Z I X T V F A
K V I S H M D K S P E R F E K T
A W Q G A A T P K E N O R M O V
L F T P A J F M O T L Q C E T R
```

AMBISIØS
AROMATISK
KUNSTNERISK
ABSOLUTT
AKTIV
ENORM
EKSOTISK
SJENERØS
UNG
STOR

IDENTISK
VIKTIG
LANGSOM
LANG
MODERNE
ÆRLIG
PERFEKT
TUNG
VERDIFULL
TYNN

# 7 - Geologia

```
V Z M X Y M D M H N S W K H E G
P B Y B Y R T U Y K U Y F Y R L
J D P T N E N I T N O K R O O D
S K T T O T A S S I W V W E S I
M V N I S T K L X G T A V X J Y
I J S T Y I L A B E A R L L O E
N X M K K M U K R Y P T E A N R
E M A A E G V J E S U S J T V Q
R G W L L A R O K I G O K S U A
A D Q A U L L O O R X R S Y H Y
L D X T H A A S A L T J D R A W
E H K S H T G S N V Y L R C I Y
R D B T G S V J T K O Z O R K J
P L A T Å M J P D E W Y J S F J
F O S S I L T D H A I J O O G K
Y S K F O N A F D M O N J Y W N
```

SYRE  
PLATÅ  
KALSIUM  
HULE  
KONTINENT  
KORALL  
CRYSTAL  
EROSJON  
FOSSILT  
GEYSIR  

LAVA  
MINERALER  
STEIN  
KVARTS  
SALT  
STALAGMITTER  
STALAKTITT  
LAG  
JORDSKJELV  
VULKAN

# 8 - Campeggio

```
I  T  E  Y  Ø  K  E  G  N  E  H  N  D  C  K  M
N  E  L  O  H  N  A  W  V  Y  N  D  A  F  M  Å
N  L  Q  I  Y  T  B  R  Æ  R  T  I  P  T  B  N
S  T  X  K  T  K  R  Y  T  Y  T  X  T  A  U  E
J  M  K  G  T  X  A  D  X  T  A  W  F  Z  A  R
Ø  E  N  B  E  S  N  E  G  N  H  N  B  Y  L  J
I  I  Q  O  R  R  N  M  X  E  T  A  U  H  Q  A
A  I  H  P  Z  L  R  O  M  V  F  K  M  Z  G  K
K  A  N  O  Z  B  C  R  F  E  B  U  E  R  F  T
I  C  S  N  E  M  W  O  J  Q  R  N  Z  S  R  W
H  O  Z  Q  O  K  O  Z  E  U  I  U  G  S  N  X
E  E  H  F  K  B  A  M  L  N  L  R  J  A  C  I
K  W  U  A  Z  L  Y  Z  L  Z  E  U  G  P  Z  O
O  B  N  I  J  Z  P  K  U  G  Y  P  M  M  R  B
I  T  H  T  H  W  U  V  U  V  I  F  Z  O  C  A
S  K  O  G  O  E  I  W  M  L  W  H  L  K  Y  Z
```

| | |
|---|---|
| TRÆR | MORO |
| HENGEKØYE | SKOG |
| DYR | BRANN |
| EVENTYR | INSEKT |
| KOMPASS | INNSJØ |
| HYTTE | MÅNE |
| JAKT | KART |
| KANO | FJELL |
| HATT | NATUR |
| TAU | TELT |

# 9 - Arti Visive

```
S  N  J  D  Y  V  I  T  K  E  P  S  R  E  P  Q
A  O  I  Q  J  S  W  D  K  R  J  S  K  L  A  L
M  H  J  E  F  T  E  T  I  V  I  T  A  E  R  K
M  S  Z  V  S  C  R  N  M  E  I  T  M  L  Z  R
E  P  G  I  F  A  I  F  A  R  G  O  T  O  F  E
N  Z  V  N  R  P  E  S  R  Z  R  P  Q  B  D  V
S  P  I  U  Z  D  L  C  E  J  V  E  F  L  P  R
E  O  R  U  B  L  C  S  K  N  O  S  H  V  Z  E
T  R  S  K  W  A  B  P  J  R  K  K  A  L  B  T
N  T  T  J  C  R  A  W  O  A  S  E  G  O  L  S
I  R  A  B  A  T  S  B  R  T  B  L  X  W  Y  E
N  E  F  N  L  I  O  F  U  B  M  L  I  F  A  M
G  T  F  M  F  S  X  K  U  L  L  Q  O  N  N  O
O  T  E  R  U  T  K  E  T  I  K  R  A  N  T  R
I  T  L  L  S  K  U  L  P  T  U  R  T  E  G  R
D  E  I  L  Z  T  K  K  W  L  O  B  T  P  G  S
```

| | |
|---|---|
| ARKITEKTUR | FILM |
| LEIRE | FOTOGRAFI |
| ARTIST | KRITT |
| MESTERVERK | BLYANT |
| KULL | PENN |
| STAFFELI | PERSPEKTIV |
| VOKS | PORTRETT |
| KERAMIKK | SKULPTUR |
| SAMMENSETNING | SJABLONG |
| KREATIVITET | LAKK |

# 10 - Tempo

```
K  S  F  R  K  F  L  O  F  N  O  F  N  U  J  D
F  A  N  O  W  T  S  X  D  Y  I  O  D  K  H  T
J  H  L  I  D  A  G  O  F  Y  E  F  W  E  Y  G
J  G  U  E  L  V  A  D  N  Y  G  U  L  C  D  A
M  O  N  P  N  K  D  Å  R  L  I  G  J  P  N  T
I  V  F  J  Q  D  K  L  O  K  K  E  W  W  S  S
D  X  L  D  M  E  E  T  A  N  E  G  R  O  M
D  B  J  M  M  P  P  R  U  X  M  I  N  U  T  T
A  T  U  R  Å  D  W  A  O  Q  R  Q  S  V  D  K
G  B  C  T  I  N  Y  N  M  D  G  C  Y  Y  A  O
S  E  Y  I  K  F  E  S  K  Å  R  Å  G  I  U  H
T  S  R  Å  W  R  G  D  Å  R  H  U  N  D  R  E
I  I  M  R  Q  E  C  T  I  O  Ø  N  R  A  C  D
D  F  R  E  M  T  I  D  G  L  H  F  K  J  N  L
C  Z  R  Y  J  T  I  M  E  X  Y  Q  J  Y  O  W
F  O  Y  W  D  E  G  M  M  I  I  R  S  O  Z  M
```

| | |
|---|---|
| ÅR | MIDDAGSTID |
| ÅRLIG | MINUTT |
| KALENDER | NATT |
| TIÅR | I DAG |
| ETTER | TIME |
| FREMTID | KLOKKE |
| DAG | SNART |
| I GÅR | FØR |
| MORGEN | ÅRHUNDRE |
| MÅNED | UKE |

# 11 - Astronomia

```
R  M  P  E  X  M  X  L  S  O  M  S  O  K  D  B
Y  Y  W  T  X  E  F  G  T  E  Q  U  I  N  O  X
U  V  T  C  E  D  I  O  R  E  T  S  A  O  K  G
H  L  X  S  S  S  S  V  Å  V  R  A  D  B  O  A
T  E  L  E  S  K  O  P  L  A  F  S  B  S  N  L
F  M  K  N  A  R  U  K  I  O  S  T  H  E  S  A
A  M  M  Å  M  S  A  U  N  V  Y  R  Y  R  T  X
R  I  C  M  T  J  T  K  G  R  O  X  V  E  Y
K  H  Y  W  M  E  S  R  E  V  I  N  U  A  L  J
E  I  V  Y  G  B  N  N  O  T  U  O  P  T  L  O
D  P  L  A  N  E  T  R  R  N  T  M  R  O  A  R
G  P  C  M  J  G  R  I  E  I  A  X  O  R  S  D
N  Y  M  Q  Y  D  M  K  O  J  P  U  E  I  J  U
Y  S  U  P  E  R  N  O  V  A  T  I  T  U  O  J
T  M  F  S  O  H  H  X  L  K  E  S  E  M  N  O
W  Q  G  Z  S  A  Q  N  M  C  A  A  M  B  G  P
```

| | |
|---|---|
| ASTEROIDE | METEOR |
| ASTRONAUT | STJERNETÅKE |
| ASTRONOM | OBSERVATORIUM |
| HIMMEL | PLANET |
| KOSMOS | STRÅLING |
| KONSTELLASJON | RAKETT |
| EQUINOX | SUPERNOVA |
| GALAXY | TELESKOP |
| TYNGDEKRAFT | JORD |
| MÅNE | UNIVERS |

# 12 - Algebra

```
L  P  R  G  D  N  U  L  L  L  R  S  Z  S  E  Q
M  I  D  H  G  I  L  E  D  N  E  U  S  U  K  P
U  A  N  X  R  N  V  C  T  M  M  S  J  B  S  R
S  L  T  E  O  N  S  I  Z  G  M  N  N  T  P  O
T  I  N  R  Æ  Z  I  E  S  V  U  D  Q  R  O  B
M  G  V  O  I  R  E  L  R  J  N  J  D  A  N  L
M  N  R  T  K  S  L  A  F  F  O  B  I  K  E  E
V  I  L  K  H  L  E  M  R  O  F  N  A  S  N  M
A  N  Ø  A  X  E  Y  O  D  R  N  E  G  J  T  L
R  G  S  F  D  X  B  X  N  E  K  K  R  O  M  H
I  F  N  X  G  C  G  G  S  N  K  T  A  N  X  B
A  I  I  A  G  X  Q  H  H  K  I  S  M  N  Y  S
B  X  N  F  L  L  V  N  Y  L  E  D  K  Ø  R  B
E  I  G  F  I  M  B  S  S  E  T  N  E  R  A  P
L  C  E  H  Y  C  L  R  H  S  D  D  H  U  A  X
F  X  O  T  U  P  H  B  J  J  G  O  M  U  K  W
```

DIAGRAM
DIVISJON
LIGNING
EKSPONENT
FALSK
FAKTOR
FORMEL
BRØKDEL
UENDELIG
LINEÆR

MATRISE
NUMMER
PARENTES
PROBLEM
FORENKLE
LØSNING
SUM
SUBTRAKSJON
VARIABEL
NULL

# 13 - Mitologia

```
L K K R I G E R T A S L R S E X
R A U U B U O T W V J K L T O C
U O B L C H J F S O A U G Y C N
R D T Y T L E H Q P L U P R X F
W V Ø R R U S T R P U T I K P N
G V K D Z I R B L F S R P E E Q
H E V N E Y N Y L Ø I O E D F Z
I M R T O L J T L R E T S N O M
K M F X W J I T S S T A L E R H
C B L Y P H E G I E F R E G T N
S K A P N I N G H L P K P E S O
T O R D E N J U A E Z E A L A G
U M D T O J R G Q O T T K H T R
N W N S V K V V I J Y Y S C A Z
I R P P H M A G I S K P Y X K A
G P C S G D X V G I L E D Ø D R
```

ARKETYPE          SJALUSI
OPPFØRSEL         KRIGER
SKAPNING          UDØDELIGHET
SKAPELSE          LABYRINT
TRO               LEGENDE
KULTUR            MAGISK
KATASTROFE        DØDELIG
HELT              MONSTER
STYRKE            TORDEN
LYN               HEVN

# 14 - Piante

| K | F | J | H | T | Z | Y | S | U | B | M | A | B | D | P | I |
|---|---|---|---|---|---|---|---|---|---|---|---|---|---|---|---|
| Z | A | O | P | A | U | Ø | K | B | Ø | N | N | E | J | M | X |
| B | G | K | N | A | A | F | O | Z | Y | Y | M | S | L | J | A |
| B | W | X | T | Y | C | E | G | A | H | Z | F | K | U | V | V |
| J | A | D | K | U | E | H | B | I | J | L | E | O | B | O | Q |
| F | M | N | O | J | S | A | T | E | G | E | V | V | U | H | N |
| B | W | L | J | M | B | Æ | R | O | M | R | W | J | S | D | U |
| R | T | K | R | O | N | B | L | A | D | J | V | S | K | O | H |
| O | G | R | L | P | H | Z | L | Ø | V | V | E | R | K | O | P |
| T | R | I | E | V | Q | V | J | W | T | M | S | U | S | Z | U |
| S | E | N | H | M | O | S | E | B | P | E | L | E | B | V | N |
| W | S | R | B | W | N | W | Z | A | L | E | S | D | Ø | J | G |
| R | S | Z | L | H | L | R | D | D | R | O | F | L | O | R | A |
| B | O | T | A | N | I | K | K | X | D | W | M | A | E | C | J |
| V | I | I | W | C | P | H | B | W | J | Q | O | S | I | A | O |
| P | F | U | I | A | I | K | U | K | J | O | V | P | T | V | E |

TRE
BÆR
BAMBUS
BOTANIKK
KAKTUS
BUSK
VOKSE
EFØY
GRESS
BØNNE

GJØDSEL
BLOMST
FLORA
LØVVERK
SKOG
HAGE
MOSE
KRONBLAD
ROT
VEGETASJON

# 15 - Spezie

```
L  K  W  S  E  S  S  G  V  J  Y  A  F  X  H  K
E  A  H  Q  L  Ø  P  K  R  C  Q  N  P  F  I  A
K  M  K  Q  E  T  I  Ø  O  K  Z  K  A  S  K  N
I  U  K  R  E  T  S  L  Y  R  E  T  T  I  B  E
N  S  A  V  I  J  S  T  K  E  I  R  R  A  K  L
N  K  R  L  E  S  K  I  G  B  N  A  R  F  A  S
E  A  D  Ø  M  I  U  V  M  W  Y  Z  N  Y  X  S
F  T  E  K  E  N  M  H  A  X  S  B  O  D  P  K
L  A  M  O  K  G  M  X  I  P  V  R  I  U  E  M
W  D  O  K  R  E  E  P  P  A  P  R  I  K  A  R
O  Y  M  G  U  F  N  K  F  V  A  N  I  L  J  E
S  G  M  D  G  Æ  B  M  Z  B  K  K  D  N  Q  O
K  E  E  S  V  R  T  I  T  T  D  Y  Q  K  B  Q
G  H  B  I  A  E  U  C  B  U  H  E  D  K  F  V
B  T  G  N  F  L  G  G  C  R  Y  V  F  B  P  W
K  U  S  A  R  W  T  P  E  P  P  E  R  G  D  V
```

| | |
|---|---|
| HVITLØK | SØT |
| BITTER | FENNIKEL |
| ANIS | LAKRIS |
| KANEL | MUSKAT |
| KARDEMOMME | PAPRIKA |
| LØK | PEPPER |
| KORIANDER | SALT |
| SPISSKUMMEN | VANILJE |
| GURKEMEIE | SAFRAN |
| KARRI | INGEFÆR |

# 16 - Numeri

```
N R T K Z F R S U P J N F O Q H
I E V Z S X D E U J T I I W W G
L M F K R A D K L G V T H S I J
Y F F T A S Q S E T J T A O R W
S H I E H Y I T L P M E Q Å O Q
J N U L L V K E K D H N M T B B
K V U P Z L K N Z E R T T T V S
D F P A K O W E V S R M W E A G
H H S O X T E T C I N I Y S V L
D N K N O J J T I M E F F Y S V
V D K R J T J E A A C N Q T E O
T Q V M L C I R T L S B E T K F
A Y O C A Z W T T E M L C E S V
A T J H N A O U E H D N D N U M
F J O R T E N R N E T M E F E O
J Y I F S V P J J R Y J A K E H
```

FEM
DESIMAL
NITTEN
SYTTEN
ATTEN
TI
TOLV
TO
NI
ÅTTE

FJORTEN
FIRE
FEMTEN
SEKSTEN
SEKS
SYV
TRE
TRETTEN
TJUE
NULL

# 17 - Guida

```
D D P J F G E P M F G L G O R D
R O T D F I E W A U A D L G G W
A N P M L Y V R P U R C H X A B
W B I X F E B L O P A S X K S K
F O T G J E N G E R S I P D S M
H M I K K R U Y P O J K E M S O
A C L P T A K T F T E K K V U T
S T O P A F K N N O M E A I B O
T R P C D B I L A M N R R Q Z R
I O B G O N F P E A G H T E S S
G P D R B I A M B N H E B F G Y
H S U N E J R H L P N T L P Z K
E N L Z J M T J H Z E U I N T K
T A Z Z E Z S N E S I L T X D E
B R E N S E L E K K Y L U T B L
X T T B Y H L T R M A K H J G U
```

BIL
BUSS
BRENSEL
BREMSER
GARASJE
GASS
ULYKKE
LISENS
KART
MOTORSYKKEL

MOTOR
FOTGJENGER
FARE
POLITI
SIKKERHET
VEI
TRAFIKK
TRANSPORT
TUNNEL
HASTIGHET

# 18 - I Media

```
I  K  O  M  M  U  N  I  K  A  S  J  O  N  F  U
K  N  I  N  D  U  S  T  R  I  O  Z  I  M  A  T
O  L  T  I  T  Z  V  W  C  R  F  X  D  N  K  D
M  O  R  E  S  I  V  A  S  Z  W  Z  A  B  T  A
M  K  D  V  L  J  G  Y  L  N  M  G  R  X  A  N
E  A  I  A  J  L  A  N  N  O  N  S  E  R  K  N
R  L  G  G  W  X  E  N  Q  U  S  T  T  Z  O  I
S  B  I  T  G  T  N  K  R  E  V  T  T  E  N  N
I  P  T  U  T  G  I  L  T  N  E  F  F  O  M  G
E  D  A  C  N  V  L  P  Y  U  W  D  E  I  E  E
L  I  L  J  N  I  N  X  K  F  E  W  O  B  N  V
L  V  T  V  T  A  O  N  K  U  V  L  Y  I  I  R
F  I  N  A  N  S  I  E  R  I  N  G  L  L  N  Y
A  D  C  W  G  P  H  G  W  W  S  Z  C  D  G  Y
Q  N  O  F  H  F  B  K  D  W  W  H  E  E  W  P
X  I  P  S  L  V  T  G  T  Z  J  W  Y  R  G  B
```

| | |
|---|---|
| KOMMERSIELL | INDUSTRI |
| KOMMUNIKASJON | INTELLEKTUELL |
| DIGITALT | LOKAL |
| UTGAVE | ONLINE |
| UTDANNING | MENING |
| FAKTA | ANNONSER |
| FINANSIERING | OFFENTLIG |
| BILDER | RADIO |
| AVISER | NETTVERK |
| INDIVID | TV |

# 19 - Forza e Gravità

```
P L A N E T E R S V W H O O L V
R L J R B S X B E W E O A V K L
M E K A N I K K E N A B I T G N
U S S M O Y A N S V S D B Z I V
R R I K S D V G L P E V E K T D
T E M T A Y S M E H S G T V Q V
N V A O W S T P G P L M E S Z S
E I N F X W A M A R E A H L R U
S N Y F V W N X D E D G G M S F
C U D J U N D P P S I N I O S E
F R I K S J O N P S V E T X F V
F Y S I K K X S O H T T S C C B
E G E N S K A P E R U I A M V H
J L W K A V M K L U X S H Y N E
F F G W L E F A A Z R M A R Y V
I N N V I R K N I N G E D X X Y
```

| | |
|---|---|
| AKSER | BEVEGELSE |
| FRIKSJON | BANE |
| SENTRUM | VEKT |
| DYNAMISK | PLANETER |
| AVSTAND | PRESS |
| UTVIDELSE | EGENSKAPER |
| FYSIKK | OPPDAGELSE |
| INNVIRKNING | TID |
| MAGNETISME | UNIVERSELL |
| MEKANIKK | HASTIGHET |

# 20 - Uccelli

```
S T O R K X Z P Q P W J G L G C
T V E D G B N I X B M J N J O G
U S M Q M W Y N M H K Y A R R P
R N S P U R V G Å R P K U N P S
T E Å F H V X V K O G N E X Å L
S I G G E E D I E U D H H J F B
Z T L F J T N N A K I L E P U D
F L A M I N G O A E Z C G A G D
C W O F G V E Z Y Y O G R M L G
K T Y Z N M C G J Ø K H E Ø R N
Q Y S V A N E N F G U G A Z I J
J T L E W B B Q E I C E U A O
K M Y L Q E P V P B C R I K L
W V Z H I F U H L A G T U Q H O
L D Z F U N N F V P T O U C A N
F J X V C J G L T Q U Q S B H Z
```

HEGRE

AND

ØRN

STORK

SVANEN

GJØK

HAUK

FLAMINGO

MÅKE

GÅS

PAPEGØYE

SPURV

PÅFUGL

PELIKAN

DUE

PINGVIN

KYLLING

STRUTS

TOUCAN

EGG

# 21 - Giorni e Mesi

```
K D N O T I R S D A G R N A N Q
A A P B Z E X K I P U D G U O U
L O M A N D A G A D R Ø L G V M
E K K U Å K P H R I I Q I U E F
N H Y T R S J Y Z T T W C S M U
D I W J O D E S E M B E R T B H
E H J C G B B M L A X K T J E M
R G W Z U Q E H J P S U P O R K
O E D N D Y G R U R J A N U A R
N M B M J A M F L I N U J T F S
S W Z M Å P X H I L R P Q Z R R
D W D S E N S Ø N D A G I V E E
A G M S L T E F E B R U A R D K
G R W R O S P D C A Y Q Y V A E
Y W W G Z W T E W Y T K N W G C
M T S L W K R H S S W Q V X V P
```

AUGUST
ÅR
APRIL
KALENDER
DESEMBER
SØNDAG
FEBRUAR
JANUAR
JUNI
JULI

MANDAG
TIRSDAG
ONSDAG
MÅNED
NOVEMBER
OKTOBER
LØRDAG
SEPTEMBER
UKE
FREDAG

# 22 - Casa

```
X D V A O P M V R G J E R D E D
T E P P E M K E T O I L B I B U
V I N D U B D G S Y M T F O L S
T F T W V R Ø A O X I H X O A J
G Y O F G Q R H K C N W V Q M V
T D T I C Z D T A G U L V L P H
S P H X R R V L T N H G I V E I
G N P P I Z R Z X O Ø L E G W R
G A K P L E Z Y T X M K G T H G
E R R J E N B H K Z G J L Y I A
V K T A I O J X I K X W I E N Y
W M R M S I E P T E K Z E K R R
A I O N W J O N A K M H P D E Q
O N I N C N E K K Ø J K S A F G
R N N G K J Q E O Q T S T A W G
Z G O Q Z K N H K S S O K O B A
```

| | |
|---|---|
| LOFT | LAMPE |
| BIBLIOTEK | VEGG |
| ROM | GULV |
| PEIS | DØR |
| NØKLER | GJERDE |
| KJØKKEN | KRAN |
| DUSJ | KOST |
| VINDU | SPEIL |
| GARASJE | TEPPE |
| HAGE | TAK |

# 23 - Fantascienza

```
Q  L  L  S  E  K  S  I  T  S  A  T  N  A  F  V
T  D  S  T  E  N  A  L  P  U  S  Z  V  B  N  P
M  E  R  T  S  K  E  L  V  O  N  E  Q  Ø  B  F
Y  C  K  E  U  V  C  U  T  W  T  B  G  K  X  U
K  Z  U  N  N  O  J  S  O  L  P  S  K  E  I  T
C  B  X  M  O  T  I  J  T  J  C  W  Y  R  W  U
T  R  G  D  Z  L  M  O  T  A  G  D  R  D  P  R
P  A  D  A  A  E  O  N  E  D  R  E  V  R  L  I
M  N  Q  R  L  K  M  G  R  O  B  O  T  E  R  S
Y  N  T  V  Y  A  I  Q  I  D  A  G  C  K  M  T
S  K  T  U  S  R  X  A  W  C  J  T  U  I  S  I
T  V  W  S  O  O  R  Y  O  O  F  A  Q  Y  A  S
I  I  N  N  B  I  L  T  K  I  N  O  Z  Z  I  K
S  R  E  A  L  I  S  T  I  S  K  U  T  O  P  I
K  T  R  K  T  O  P  C  N  E  F  W  W  H  N  T
P  D  Z  F  B  I  P  Y  F  B  D  H  C  E  M  U
```

| | |
|---|---|
| ATOM | INNBILT |
| KINO | BØKER |
| DYSTOPI | MYSTISK |
| EKSPLOSJON | VERDEN |
| EKSTREM | ORAKEL |
| FANTASTISK | PLANET |
| BRANN | REALISTISK |
| FUTURISTISK | ROBOTER |
| GALAXY | TEKNOLOGI |
| ILLUSJON | UTOPI |

# 24 - Città

```
R D Q D S H A N U N H Y J A I S
N E S S A L P Y L F T E U P W S
I K S T E A T E R S T K V O H C
X R I T L E D N A H K O B T O P
J A Z L A H O L J N T O C E T E
B M N X P U I R E K A B L K E Y
D R U E R B R K I N O M M E L G
F E H D L G E A B C B N O S L Y
O P A T I N L V N S T A D I O N
M U A W D P L E E T M U S E U M
A S U C L H A K L I N I K K B O
R L D B C X G E T I W G W S M B
K U N I V E R S I T E T B P D T
E G A H E R Y D D B T K H A M M
D B I B L I O T E K Q C M P N X
I A J B U T I K K A B K K V H K
```

FLYPLASSEN
BANK
BIBLIOTEK
KINO
KLINIKK
APOTEK
GALLERI
HOTELL
BOKHANDEL
MARKED

MUSEUM
BUTIKK
BAKERI
RESTAURANT
SKOLE
STADION
SUPERMARKED
TEATER
UNIVERSITET
DYREHAGE

# 25 - Fattoria #1

```
L U M C H G Y N M K I U Z A U F
N D V A N N J M W A G E S K G A
S J M B R L P M A L X P L K G U
V E E K Q W Z M Z V V J P Y O R
E C H Y H U N D R Y A K L B I F
U U Ø O K F Q O Q C E W N W S A
L D Y N H B R M H F S O T J F F
K Y L L I N G Ø B I E O T F D Z
L A N D B R U K C C R I S H E E
E S F L O K K Q M K H F I O S H
S R Q C C R F E D O I A R N E Y
D T V V A W K E D R E J G N L T
Ø M S I G Y K P L T I E G I U G
J Z H V F Y X T I T S E H N Q Q
G S V N V G R H I A I T A G K U
S X C Z V A N A A K V Z B J F E
```

| | |
|---|---|
| VANN | KATT |
| LANDBRUK | FLOKK |
| BIE | GRIS |
| ESEL | HONNING |
| FELT | KU |
| HUND | KYLLING |
| GEIT | GJERDE |
| HEST | RIS |
| GJØDSEL | FRØ |
| HØY | KALV |

# 26 - Psicologia

```
F  C  B  K  V  I  R  K  E  L  I  G  H  E  T  F
Ø  J  U  X  O  R  E  T  A  N  K  E  R  V  D  Ø
L  T  A  Z  G  G  U  R  I  Q  G  Q  L  V  L
E  V  E  R  E  G  N  I  N  K  R  I  V  Å  P  E
L  O  H  E  P  C  I  I  M  E  L  B  O  R  P  L
S  P  A  E  C  L  R  P  S  I  W  M  P  B  E  S
E  K  U  D  J  Y  A  A  O  J  D  O  P  E  R  E
R  A  L  I  V  R  F  R  P  Z  O  D  F  V  S  V
K  I  J  I  M  T  R  E  P  A  P  N  Ø  I  O  U
B  O  Q  E  N  C  E  T  F  D  R  R  R  S  N  R
L  R  N  U  Q  I  E  L  A  T  V  A  S  S  L  D
S  V  R  F  H  S  S  R  T  X  Q  B  E  T  I  E
W  A  E  Z  L  F  L  K  N  Y  C  G  L  L  G  R
O  A  G  Z  F  I  H  W  I  S  H  J  A  Ø  H  I
T  B  N  M  K  W  K  W  N  Y  U  W  N  S  E  N
B  Q  G  I  W  I  U  T  G  C  S  G  M  K  T  G
```

| | |
|---|---|
| AVTALE | BARNDOM |
| KLINISK | PÅVIRKNINGER |
| KOGNISJON | TANKER |
| OPPFØRSEL | OPPFATNING |
| KONFLIKT | PERSONLIGHET |
| EGO | PROBLEM |
| FØLELSER | VIRKELIGHET |
| ERFARINGER | FØLELSE |
| IDEER | TERAPI |
| BEVISSTLØS | VURDERING |

# 27 - Paesaggi

```
Y Ø V L A H H A V H N B V V P D
Ø J B W O R D H U Y P G X S Q C
I S B R E Å V K L W L K I Y R X
B N S P M U S G H M H E F J H E
S N N O S V A E C E B W W C H X
A I W I F M P Y A N E K R Ø E D
M N Q S J J K S E E M L U L G N
P X F X F U Z I T N I F W W B H
I V X F F Z X R V Y F H A N C V
I S F J E L L H O D N J H Q D L
O A S E B C B G G D R S E E C C
F J T S K T U V K N R R I L G F
D P F H N J I I H A E A Y X L H
H V I G D N A R T S L O Z C R S
V L G L A R D N U T V F P J K E
D Y T Q L H U L E V U L K A N K
```

FOSS
ÅS
ØRKEN
SANDDYNENE
ELV
GEYSIR
ISBRE
HULE
ISFJELL
ØY

INNSJØ
HAV
FJELL
OASE
SUMP
HALVØY
STRAND
TUNDRA
DAL
VULKAN

# 28 - Energia

```
J M V J K P E A H F I J E L P O
V J C A I M B R O Z N F P C V V
R P I T E V A C C Z I Y Y I O R
T D N B B K A M Y L B H F O T T
O Q U P G R A B Y N R O F B H K
F D T S I V E S W K U M R S U C
Q O T W I A F N O R T K E L E I
I E R V H R D F S D A M P L H Z
V L O U S M T T N E G O R D Y H
D E T K R E D S Ø J L I M N O B
I K O R Æ E L K U N A Z A I A E
E T M C I X N H M D J P A V A N
S R W Y E L X S V E N O T O F S
E I P O R T N E I M D I W D X I
L S B A T T E R I N H K E N R N
W K C Z K A R B O N G Y U M Y T
```

MILJØ
BATTERI
BENSIN
VARME
KARBON
BRENSEL
DIESEL
ELEKTRISK
ELEKTRON
ENTROPI

FOTON
HYDROGEN
INDUSTRI
FORURENSING
MOTOR
NUKLEÆR
FORNYBAR
TURBIN
DAMP
VIND

# 29 - Ristorante #2

```
F  L  D  R  Y  R  D  F  R  U  K  T  A  L  A  S
R  O  A  A  T  R  E  D  D  Y  R  K  O  S  G  S
X  V  R  H  O  P  I  V  O  V  W  S  K  Y  T  S
Q  C  Y  R  E  N  L  E  K  I  D  H  I  I  S  Y
S  K  J  E  E  J  I  M  N  L  D  L  J  Q  R  H
M  M  D  T  A  T  G  Z  L  N  F  Q  E  L  W  D
L  L  U  N  S  J  T  E  G  G  O  Q  F  U  V  Z
E  O  T  N  I  C  W  T  N  E  P  B  L  T  G  I
T  T  D  A  S  Y  K  U  C  X  D  I  X  M  N  V
Y  S  L  V  U  B  J  X  Q  F  X  K  F  M  E  A
D  W  L  U  P  P  O  Z  U  Y  H  A  G  I  Q  T
X  Y  Y  D  P  M  R  K  E  Z  L  K  A  X  S  S
S  B  Q  U  E  C  J  E  Y  M  J  E  F  D  J  K
M  I  D  D  A  G  F  I  S  A  L  T  F  V  R  Z
G  R  Ø  N  N  S  A  K  E  R  S  S  E  O  Z  D
J  W  T  P  P  H  E  A  T  X  T  T  L  E  B  Y
```

| | |
|---|---|
| VANN | SALAT |
| FORRETT | SUPPE |
| DRIKK | FISK |
| KELNER | LUNSJ |
| MIDDAG | SALT |
| SKJE | STOL |
| DEILIG | KRYDDER |
| GAFFEL | KAKE |
| FRUKT | EGG |
| IS | GRØNNSAKER |

# 30 - Moda

```
Z  B  F  C  T  U  G  P  H  M  D  X  H  C  D  M
Z  L  C  K  E  T  R  E  N  D  O  V  W  M  Z  O
O  O  B  S  K  R  L  U  S  I  P  D  G  I  A  F
K  N  E  I  S  Y  D  Q  D  R  R  E  E  I  N  I
L  D  S  T  T  D  W  I  H  L  A  E  E  R  X  Q
Æ  E  K  S  U  V  L  T  J  C  K  R  D  C  N  G
R  R  J  I  R  T  A  U  I  S  T  F  V  O  G  E
T  G  E  L  M  A  Q  O  L  T  I  N  O  W  R  W
R  C  D  A  T  I  V  B  W  I  S  J  S  U  G  B
T  D  E  M  K  Q  P  Z  S  L  K  Q  L  D  H  G
L  A  N  I  G  I  R  O  Q  T  N  A  G  E  L  E
A  U  M  N  O  B  R  U  S  D  O  I  E  B  P  W
S  O  F  I  S  T  I  K  E  R  T  F  N  I  C  I
C  S  Y  M  K  N  A  P  P  E  R  U  F  P  F  P
R  O  X  U  U  K  O  M  F  O  R  T  A  B  E  L
E  H  E  N  K  E  L  M  Ø  N  S  T  E  R  S  F
```

| | |
|---|---|
| KLÆR | BLONDER |
| BOUTIQUE | PRAKTISK |
| DYRT | KNAPPER |
| KOMFORTABEL | BRODERI |
| ELEGANT | ENKEL |
| MINIMALISTISK | SOFISTIKERT |
| MØNSTER | STIL |
| MODERNE | TREND |
| BESKJEDEN | STOFF |
| ORIGINAL | TEKSTUR |

# 31 - L'Azienda

```
M L D I R T S U D N I K Q X O P
Q U L O G E F K J N N R D H I R
N C L K X F S G M Ø E E G X N O
W Y X I T C F S V L H A N S N D
S F S S G L H C U W C T A Y T U
Q U P I H H N Y L R K I G S E K
T N N R T O E Y D B S V M S K T
T R E N D E R T Q U S E A E T K
P R O F E S J O N E L L R L E W
R I N N O V A T I V L L F S R A
C Y I H N O J S A T N E S E R P
E Y K B E S L U T N I N G T Q A
T M B T E T I L A V K O L T Z O
S I V Q E G L O B A L A Q I C K
I N V E S T E R I N G U O N T Q
E N H E T E R U U O X M E G I M
```

KREATIV
BESLUTNING
GLOBAL
INDUSTRI
INNOVATIV
INVESTERING
SYSSELSETTING
MULIGHET
PRESENTASJON
PRODUKT

PROFESJONELL
FRAMGANG
KVALITET
INNTEKTER
RYKTE
RISIKO
RESSURSER
LØNN
TRENDER
ENHETER

# 32 - Giardino

```
H A G E G N A L S H C Z J T H G
L E H K K H J J A N Y G O R E A
W F H A Q K R L C A F W R A N R
G J E R D E K S U B I P D M G A
F F N L T S N S P Z T L V P E S
E B I Z C S E E K A M E I O K J
I E T Y F A B R P Z D N N L Ø E
K G S S E R G G O K C E T I Y P
D A M B B R C U N D C E R N E P
B H O K X E R I V B T C E E L O
Q T L B E T J U P Y L O E L X R
D K B P A Z R B O B R X T F F W
G U O O R L Q J K N G B R X D K
B R F D O U L G T T E C G D W C
W F K L J P L I E K J T N I Z N
D D I L A Y G X Q N T R E A F F
```

| | |
|---|---|
| TRE | BENK |
| HENGEKØYE | PLEN |
| BUSK | RAKE |
| GRESS | GJERDE |
| UGRESS | DAM |
| BLOMST | JORD |
| FRUKTHAGE | TERRASSE |
| GARASJE | TRAMPOLINE |
| HAGE | SLANGE |
| SPADE | VINTREET |

# 33 - Riscaldamento Globale

```
Y G R G N I N V I G V O L M R U
K C E E S I R K U S J N T I R I
C L G N P H O R Q Y I O J L C N
H U J E C A A K V N A I E J J T
F R E R G M R B H J S W Y Ø Q E
O K R A T A D K I E N E R G I R
R L I S Y P S K T T C L S J B N
S I N J X M N S A I A F R K V A
K M G O Z A J V S V S T J C X S
E A G N I L K I V T U K E L Y J
R P Y E I N D U S T R I X R X O
X W M R X H E C T O M D R N Å N
O P P M E R K S O M H E T U J A
K O N S E K V E N S E R V E A L
T E M P E R A T U R E R C P Y S
V F R E M T I D L M L S Y P A U
```

MILJØ
ARKTISK
OPPMERKSOMHET
KLIMA
KONSEKVENSER
KRISE
DATA
ENERGI
FREMTID
GASS

GENERASJONER
REGJERING
HABITATER
INDUSTRI
INTERNASJONAL
LOVGIVNING
NÅ
FORSKER
UTVIKLING
TEMPERATURER

# 34 - Frutta

```
K H K G K F M A N G O S A K E R
Z G F I H M E M M O L P O F U P
O L E Z W K R R Æ B E G N I R B
S E E X K I Æ Æ S A V O K A D O
B C S L L W P B Z K K X F U F A
B J Ø R N E B Æ R O E H X O C N
G H C B K L E G S U J N R Y O A
H M E V D P N Y Q M S U A L S N
C J A S I E Z U K P N P Y N J A
N E K T A R I N M U A B A G A S
K I R S E B Æ R E S R L P A I B
T X S T P G P S L I O R A E T T
Q Z L Q O G C V O T Q R P J O J
A P R I K O S N N R V H H H T U
J O E Q K R Z G B O W B U L W H
N V Q W W N Y M L N T Q P Z C Q
```

| | |
|---|---|
| APRIKOS | MANGO |
| ANANAS | EPLE |
| ORANSJE | MELON |
| AVOKADO | BJØRNEBÆR |
| BÆR | NEKTARIN |
| BANAN | PAPAYA |
| KIRSEBÆR | PÆRE |
| KIWI | FERSKEN |
| BRINGEBÆR | PLOMME |
| SITRON | DRUE |

# 35 - Fattoria #2

```
I  M  B  P  B  B  J  F  T  O  B  N  O  Q  E  C
J  A  X  L  R  Y  U  E  O  H  I  J  O  K  W  I
W  T  M  O  D  E  N  E  H  Z  K  R  V  P  O  T
C  K  U  I  O  D  L  A  M  A  U  Y  V  S  Y  F
I  U  E  J  Y  N  A  E  Q  O  B  X  G  V  S  Z
F  R  Y  D  Y  O  H  T  H  X  E  V  Å  L  J  G
K  F  E  Z  K  B  J  N  O  H  B  L  A  G  S  Z
T  Z  G  N  E  M  E  L  K  I  V  Z  A  U  P  V
R  E  A  N  K  O  R  N  C  K  O  E  M  M  X  S
A  S  H  P  I  I  P  C  O  B  L  K  T  V  T  M
K  U  T  A  L  N  H  V  O  H  Q  E  L  E  Y  B
T  K  K  I  Z  M  N  S  L  A  N  D  O  B  H  U
O  A  U  D  C  K  F  A  N  U  B  Q  G  G  Y  B
R  P  R  Q  Z  Y  H  U  V  F  I  S  J  Q  R  A
J  A  F  P  X  D  R  M  T  J  N  W  N  D  D  P
C  E  J  F  X  Y  Z  Y  A  X  U  Q  Q  S  E  S
```

| | |
|---|---|
| LAM | VANNING |
| BONDE | LAMA |
| BIKUBE | MELK |
| AND | KORN |
| DYR | MODEN |
| MAT | BYGG |
| LÅVE | HYRDE |
| FRUKT | SAU |
| FRUKTHAGE | ENG |
| HVETE | TRAKTOR |

# 36 - Verdure

```
K Z V C S S S R B V J J L W G L
T R E X U P J H R V B U Ø Q U H
W O A F B I B N O Y W O K K L S
N T M H G N J T K I D D E R R W
E Y T A Z A J Y K H L Q D U O R
P E Q F T T J E O X C E T G T X
E S F Q V F K Ø L T T O L A J S
E L K C X I D Z I P B H N F I G
J T L B H G S U I E O V W N N R
Z E N I G R E B U A P T V E G E
S O P P S E L O E R C A E E E S
U V L G N R L Z N Z C L E T F S
I G L T V S E F D J R A B A Æ K
L Y I X O Z R P P C H S K T R A
N K Z A K A I H V I T L Ø K Y R
A R T I S J O K K J C Z U C D O
```

| | |
|---|---|
| HVITLØK | ERT |
| BROKKOLI | TOMAT |
| ARTISJOKK | PERSILLE |
| GULROT | NEPE |
| AGURK | REDDIK |
| LØK | SJALOTTLØK |
| SOPP | SELLERI |
| SALAT | SPINAT |
| AUBERGINE | INGEFÆR |
| POTET | GRESSKAR |

# 37 - Musica

```
Y  P  A  K  D  Z  A  I  D  O  L  E  M  B  I  B
T  S  K  U  R  E  G  N  A  S  X  C  G  O  N  A
E  G  O  L  Z  Y  Q  N  Q  A  A  B  C  P  S  L
I  T  R  R  B  R  K  S  I  M  T  Y  R  E  T  L
M  R  Y  T  M  E  K  P  R  E  S  L  O  R  R  A
B  T  R  Q  K  K  S  I  S  S  A  L  K  A  U  D
Y  S  O  N  H  I  I  L  O  V  P  A  S  N  M  E
Q  M  Y  S  Y  S  T  L  N  K  W  K  I  R  E  W
A  Q  I  N  B  U  E  I  Q  F  B  O  R  T  N  G
R  R  N  K  G  M  O  N  A  Q  S  V  Y  U  T  L
V  K  O  A  R  E  P  G  U  K  V  L  L  D  Z  T
J  O  M  S  L  O  H  A  R  M  O  N  I  S  K  Q
Y  Z  R  G  C  B  F  M  U  S  I  K  A  L  S  K
T  B  A  L  C  U  U  O  W  R  I  F  W  K  M  I
H  Y  H  I  Z  B  P  M  N  M  Z  C  P  D  X  F
T  Q  T  E  S  D  K  J  U  Q  T  G  G  T  P  X
```

| | |
|---|---|
| ALBUM | MIKROFON |
| HARMONI | MUSIKALSK |
| HARMONISK | MUSIKER |
| BALLADE | OPERA |
| SANGER | POETISK |
| SYNGE | INNSPILLING |
| KLASSISK | RYTMISK |
| KOR | RYTME |
| LYRISK | INSTRUMENT |
| MELODI | VOKAL |

# 38 - Barbecue

```
U C H U O K W Z E K E S S U A S
U W L H R P T X F Z T M Y U Z T
P E P P E R E M M O S C S K L Z
I G I Y T I U E L F J S A Z F T
F N Y H K Z I G K B U C L A A A
R I V H R J I E R X U W A F S M
U L M I U Q M X E I N R T A P F
K L I C T M R A V G L Y E M I Q
T Y D S L A D Z I A I L R I L F
E K D X A J S K N S M O E L L T
J F A O S L Z J K K G B K I F E
O S G S B U D S O J C X N E H H
S R B D A N L Ø K N M U S I K K
A Z X V F S T O M A T E R S J S
Q X M P R J E D Z U M F K D G C
C P N P L P K C M D G L T B A I
```

VARMT
MIDDAG
MAT
LØK
KNIVER
SOMMER
SULT
FAMILIE
FRUKT
SPILL

GRILLE
SALATER
INVITASJON
MUSIKK
PEPPER
KYLLING
TOMATER
LUNSJ
SALT
SAUS

# 39 - Fisica

```
F R Z B K S I M E J K T R I N T
A O L I A M A G N E T I S M E Y
T V R Q O Z V M E K A N I K K N
O D Æ M S P E Z T K V E S C U G
M M E Q E V R D Q Y X D P E N D
C O L A T L E K K I T R A P I E
U T K T V E Y X S O P P I V V K
P O U O A W N K N I G O W X E R
B R N J Z A L D E Y C B S U R A
E L E K T R O N V L X D C H S F
V A R I A B E L K Y O X Q C E T
U T V I D E L S E H E M Z U L W
T G A S S J Y Y R D G Z D M L T
R Z V V S G X T F L F R G E J D
S E D R A K S E L E R A S J O N
T E T T H E T H A S T I G H E T
```

AKSELERASJON
ATOM
KAOS
KJEMISK
TETTHET
ELEKTRON
UTVIDELSE
FORMEL
FREKVENS
GASS

TYNGDEKRAFT
MAGNETISME
MEKANIKK
MOLEKYL
MOTOR
NUKLEÆR
PARTIKKEL
UNIVERSELL
VARIABEL
HASTIGHET

# 40 - Agronomia

```
S  Ø  R  F  A  P  F  Y  D  E  R  O  S  J  O  N
T  K  M  A  T  R  O  H  Y  L  K  J  L  A  N  C
U  O  F  N  S  O  R  E  M  M  O  D  K  Y  S  Z
D  L  M  A  K  D  U  V  L  A  M  D  L  F  J  N
E  O  D  W  E  U  R  L  W  Z  C  I  V  Z  O  F
R  G  F  Q  V  K  E  A  K  I  X  Q  L  U  R  P
E  I  G  M  G  S  N  N  P  U  Z  K  L  J  D  R
U  S  G  X  C  J  S  D  A  P  R  L  E  G  Ø  M
W  E  D  R  N  O  I  L  K  C  V  B  S  N  W  Y
L  I  D  H  E  N  N  I  S  T  J  L  D  I  O  E
A  R  C  Y  C  N  G  G  N  U  T  O  Ø  N  V  S
X  U  S  Y  S  T  E  M  E  R  R  T  J  K  A  B
Z  S  L  L  N  N  U  B  T  B  U  D  G  S  N  L
O  R  G  A  N  I  S  K  I  J  I  Q  R  R  N  Z
B  T  Y  B  E  X  N  H  V  U  H  G  B  O  B  M
E  N  D  R  F  Z  R  I  M  N  R  N  U  F  H  P
```

| | |
|---|---|
| VANN | SYKDOMMER |
| LANDBRUK | ORGANISK |
| MILJØ | PRODUKSJON |
| MAT | FORSKNING |
| VEKST | LANDLIG |
| ØKOLOGI | VITENSKAP |
| ENERGI | FRØ |
| EROSJON | SYSTEMER |
| GJØDSEL | STUDERE |
| FORURENSING | JORD |

# 41 - Erboristeria

```
K M X H O B A Q M Y N T E G A H
Ø U T V B L L E D N E V A L B S
L K L K M P L O N K O X U H C I
T I H I L Z I D M Y O Q U N I U
I L C Q N Y D W B S C C T Z X I
V I K T O A A W H M T U E U Q R
H S W U G A R F E N N I K E L O
T A T N A I M I T N C R A Y O S
X B M R R M A H S S K K R M R M
B H T E T I L A V K N M O A E A
C P F Q S D Q C S A V N M R G R
G X M T E L L I S R E P A J A I
J R I N G R E D I E N S T O N N
X F Ø Q A L I A Q L J W I R O H
Z E O N A R F A S S M H S A B D
O D C Q N G E C X I K G K M U G
```

HVITLØK  
DILL  
AROMATISK  
BASILIKUM  
KULINARISK  
ESTRAGON  
FENNIKEL  
BLOMST  
HAGE  
INGREDIENS  

LAVENDEL  
MARJORAM  
MYNTE  
OREGANO  
PERSILLE  
KVALITET  
ROSMARIN  
TIMIAN  
GRØNN  
SAFRAN

# 42 - Danza

```
F F K U L T U R P T Y B L K G Y
N L Ø K J P T P I C N Q S O D Q
V L K L L E R U T L U K S R Q M
L E K J E S L E G E V E B E Y U
G N I N D L O H Ø V I N G O X N
E O S F Q X S G Z T B Z B G N P
A J U R G P L E L N Å D E R Z K
K S M A Q E D P R E O B M A S J
A I Y M R J C P S K D Q S F K R
D D O R K F U O C G V E L I I K
E A O Y Z U X H V D U V L D B R
M R B T U J N Q O Q G J E I F O
I T H M V Q I S Q J J C U W G P
O U Q E O L Q U T D F X S B U P
K L A S S I S K O L O X I G I J
U T T R Y K K S F U L L V E U Y
```

AKADEMI
KUNST
KLASSISK
SAMBOER
KOREOGRAFI
KROPP
KULTUR
KULTURELL
FØLELSE
UTTRYKKSFULL

GLEDELIG
NÅDE
BEVEGELSE
MUSIKK
HOLDNING
ØVING
RYTME
HOPPE
TRADISJONELL
VISUELL

# 43 - Biologia

```
C K J F T P H Q G Y R L E P V K
S D P V Z L Q U A Y B U F S L R
R Y D E T T A P S X G J I M B O
Z A M Y Z N E V R E N B C P A M
B M G B C K I N U X J H H C K O
U R U V I D K O L L A G E N T S
K W N T X O N O J S U L O V E O
P U X A A C S A N A T O M I R M
Y Z A Y T S T E L L E C A E I H
B N X L W U J H D Z B M E O E A
H O R M O N R O B U V K M S S L
B R P Z J X K L N U Z F B M P U
I V G I I S L L I T P E R O A Q
S E W Y N I H O A G T M Y S N L
P N T I T P R O T E I N O E Y U
F O T O S Y N T E S E M P H S V
```

ANATOMI
BAKTERIE
CELLE
KOLLAGEN
KROMOSOM
EMBRYO
ENZYM
EVOLUSJON
FOTOSYNTESE
PATTEDYR

MUTASJON
NATURLIG
NERVE
NEVRON
HORMON
OSMOSE
PROTEIN
REPTIL
SYMBIOSE
SYNAPSE

# 44 - Attività Commerciale

```
H  P  F  U  F  I  N  A  N  S  B  Z  S  N  U  F
O  E  A  B  Z  G  N  I  R  E  T  S  E  V  N  I
U  N  B  E  X  C  O  B  B  L  U  R  L  X  L  K
Z  G  R  U  Q  L  J  A  U  P  J  B  S  V  J  A
A  E  I  B  M  K  S  C  P  D  F  U  K  O  B  R
R  R  K  P  O  G  K  T  T  A  S  N  A  U  K  R
B  V  K  Z  X  U  A  N  V  Ø  N  J  P  C  H  I
E  Y  I  O  S  X  S  A  X  K  K  Z  E  X  D  E
I  I  X  C  A  H  N  V  L  X  K  O  Q  T  A  R
D  N  K  U  L  S  A  Z  S  A  Y  H  N  T  T  E
S  N  G  O  G  K  R  B  U  T  I  K  K  O  P  A
G  T  G  R  S  J  T  T  I  F  O  R  P  E  M  I
I  E  F  O  U  T  V  A  L  U  T  A  J  F  G  I
V  K  Y  X  Q  J  E  B  J  C  K  O  N  T  O  R
E  T  Y  M  R  A  B  A  T  T  M  P  H  X  X  F
R  E  R  A  V  S  L  E  D  N  A  H  O  K  S  Y
```

| | |
|---|---|
| BUDSJETT | BUTIKK |
| KARRIERE | PROFITT |
| KOSTE | INNTEKT |
| ARBEIDSGIVER | RABATT |
| ANSATT | SELSKAP |
| ØKONOMI | PENGER |
| FABRIKK | TRANSAKSJON |
| FINANS | KONTOR |
| INVESTERING | VALUTA |
| HANDELSVARER | SALG |

# 45 - Fiori

```
T V T M T O Z A U Q R B H A D Y
W L U E A I R E M U L P G I A J
X S S Y V G M A O R K I D É H T
U O E E O T N I M S A J S S T K
E T N J R T S O J N W L K P S R
D H F L R E V Ø L K H F X A M E
Z H R I I K E F M I D L W C O U
B Z Y L J U R R L X A V L L L J
K T D E H B L A V E N D E L B V
Y U P K A I N E D R A G J E S N
L L E S O R B J S L X E L U N D
U I O Å T X A I H V I A I V O N
O P N P Q N N B S K A L L Q J O
U A N S V R W E K K I S L O S N
N N X Q V A L M U E U Y R A A N
K R O N B L A D S Z R S A N P S
```

GARDENIA
SJASMIN
LILJE
SOLSIKKE
HIBISKUS
LAVENDEL
LILLA
MAGNOLIA
TUSENFRYD
BUKETT

PÅSKELILJE
ORKIDÉ
VALMUE
PASJONSBLOMST
PEON
KRONBLAD
PLUMERIA
ROSE
KLØVER
TULIPAN

# 46 - Filantropia

```
G K O N T A K T E R A P A K J M
M R U L T Y Q M U T L G R G X X
O Z U N T R E N G E T M M M D T
S O V P G F D U C H E B G Q B I
V A S Y P D Q F N G H O A G I X
V Z M X K E O S N I G C V Q H S
U A O F D O R M S D I T M A I F
F T L F U X Z C R E L D I M S I
M M Q T A N T F S D R Q L V T N
Å F X J M D N Z N L Æ W D Y O A
L M X I R A T E M E D P H I R N
M H G L O B A L T V P C E W I S
M I S J O N B J O M E U T K E W
E I S B A R N O F F E N T L I G
X P R O G R A M M E R Y J O Y H
L U T F O R D R I N G E R F U L
```

BARN
TRENGE
VELDEDIGHET
SAMFUNNET
KONTAKTER
FINANS
MIDLER
GAVMILDHET
UNGDOM
GLOBAL

GRUPPER
MISJON
MÅL
ÆRLIGHET
FOLK
PROGRAMMER
OFFENTLIG
UTFORDRINGER
HISTORIE

# 47 - Ecologia

```
H  P  H  N  M  L  H  S  N  N  D  B  V  H  O  T
W  G  N  A  Y  O  E  A  J  W  N  X  E  A  V  Ø
N  D  D  T  E  E  S  M  R  H  I  E  G  B  E  R
A  R  T  U  E  N  J  J  D  C  C  Z  E  I  R  K
F  U  M  R  E  S  R  U  S  S  E  R  T  T  L  E
L  T  Y  L  M  G  W  G  F  M  D  V  A  A  E  S
O  A  C  I  Y  E  J  D  L  S  Z  Z  S  T  V  J
R  N  G  G  M  W  K  L  Z  O  A  S  J  F  E  J
A  V  W  A  Z  O  J  O  D  K  B  K  O  J  L  M
B  Æ  R  E  K  R  A  F  T  I  G  A  N  E  S  A
T  K  Y  T  S  F  Z  G  K  F  K  I  L  L  E  R
Q  E  M  P  W  R  J  N  L  Q  A  Y  O  L  Y  I
P  L  A  N  T  E  R  A  I  W  Z  U  C  X  C  N
S  A  M  F  U  N  N  M  M  Q  V  R  N  M  H  E
E  Y  H  M  V  O  H  Q  A  Q  E  Y  N  A  Z  Z
F  R  I  V  I  L  L  I  G  E  K  J  C  J  U  V
```

| | |
|---|---|
| KLIMA | NATURLIG |
| SAMFUNN | MYR |
| MANGFOLD | PLANTER |
| FAUNA | RESSURSER |
| FLORA | TØRKE |
| GLOBAL | OVERLEVELSE |
| HABITAT | BÆREKRAFTIG |
| MARINE | ART |
| FJELL | VEGETASJON |
| NATUR | FRIVILLIGE |

# 48 - Discipline Scientifiche

```
J E Q D F F N A B I O K J E M I
F Y T T T Y E I R O G U U J Y Q
B V U R A S V M K K I N A T O B
V Z M I G I R M K L E G T B N K
P A D A I O O U I I G O A I L J
A S T Y G L L N N E E L G I E
O S Y A O O O O A G O Q N O I M
Q S T K L G G L K V L E U L G I
I P M R O I I O E I O J D O O I
P Z J K O L X G M S G C H R L A
E R A G Z N O I O T I O X O A N
O U I U A H O G K I K R I E R A
B I O L O G I M I K Y T O T E T
Ø K O L O G I X I K L C U E N O
S O S I O L O G I G F D V M I M
T E R M O D Y N A M I K K K M I
```

ANATOMI
ARKEOLOGI
ASTRONOMI
BIOKJEMI
BIOLOGI
BOTANIKK
KJEMI
ØKOLOGI
FYSIOLOGI
GEOLOGI

IMMUNOLOGI
LINGVISTIKK
MEKANIKK
METEOROLOGI
MINERALOGI
NEVROLOGI
PSYKOLOGI
SOSIOLOGI
TERMODYNAMIKK
ZOOLOGI

# 49 - Scienza

```
U A Z U H K K X A T O M N M O F
E R B D J Y O K I O O J A O B O
B M D S A H P I K L A S T L S R
G N O J S U L O V E T N U E E S
K J D R E L K I T R A P R K R K
F A K T U M M K W E D Y F Y V E
C L Y A K Q V I L X S E Y L A R
D O I S M R I N N I I E S E S Q
O R G A N I S M E E M H I R J M
V A H L A R P J K L R A K O O E
F O S S I L T C O E X A K T N T
Q U L G K J E M I S K P L B J O
E K S P E R I M E N T W R E X D
L A B O R A T O R I U M T M R E
W C B B T Y N G D E K R A F T B
H B C I V A F S N Q F J R G P N
```

ATOM
KJEMISK
KLIMA
DATA
EKSPERIMENT
EVOLUSJON
FAKTUM
FYSIKK
FOSSILT
TYNGDEKRAFT

HYPOTESE
LABORATORIUM
METODE
MINERALER
MOLEKYLER
NATUR
ORGANISME
OBSERVASJON
PARTIKLER
FORSKER

# 50 - Imbarcazioni

```
M  S  E  T  Å  L  F  Q  N  N  N  L  U  M  U  U
J  J  J  O  H  P  H  I  A  N  G  H  V  A  H  L
P  Z  R  Ø  R  B  X  Q  U  S  U  P  L  N  T  H
O  W  E  G  M  H  G  L  T  C  S  L  E  N  Z  K
R  E  F  F  Y  A  N  I  I  M  A  S  T  S  G  S
B  Ø  Y  E  K  M  N  E  S  R  T  R  E  K  N  A
B  H  Z  O  F  I  Z  N  K  H  J  X  G  A  M  K
M  J  M  W  Z  T  Å  B  L  I  E  S  Y  P  Q  J
O  J  D  F  X  I  O  Y  Q  D  U  I  V  M  C  M
T  Q  U  W  K  R  E  G  L  Ø  B  Y  A  C  H  T
O  H  Z  L  K  A  I  N  N  S  J  Ø  F  V  I  V
R  A  Z  D  A  M  N  T  I  D  E  V  A  N  N  A
K  I  H  O  J  V  G  O  B  F  T  F  C  X  O  G
O  B  O  I  A  A  J  X  S  A  R  X  E  V  F  G
G  Q  J  M  K  Y  H  F  B  H  T  Q  F  M  L  G
C  A  Z  V  R  H  H  Q  X  U  I  D  I  A  J  Z
```

| | |
|---|---|
| MAST | HAV |
| ANKER | TIDEVANN |
| SEILBÅT | SJØMANN |
| BØYE | MARITIM |
| KANO | MOTOR |
| TAU | NAUTISK |
| MANNSKAP | BØLGER |
| ELV | FERJE |
| KAJAKK | YACHT |
| INNSJØ | FLÅTE |

# 51 - Chimica

```
S  R  E  X  Q  J  N  E  M  A  J  P  U  O  Y  T
V  V  R  W  F  D  K  U  R  I  L  B  K  P  G  E
S  K  Y  M  R  O  Q  R  F  Z  L  D  J  K  G  M
G  A  S  S  Q  N  T  U  W  N  H  C  M  B  B  P
K  N  L  I  V  I  P  C  E  O  A  A  T  O  M  E
Y  A  U  O  N  O  I  P  F  X  C  C  C  S  H  R
Y  R  R  L  X  A  T  A  X  B  O  Y  I  M  L  A
U  N  E  B  C  H  G  H  Y  D  R  O  G  E  N  T
F  N  M  K  O  K  F  R  O  K  S  Y  G  E  N  U
N  I  B  U  I  N  T  N  O  R  T  K  E  L  E  R
U  T  C  W  U  T  E  Q  Z  W  M  A  P  P  D  A
K  S  I  L  A  K  L  A  V  B  H  K  S  C  K  B
L  M  Y  Z  N  E  M  R  A  V  A  J  L  V  L  V
E  K  S  Æ  V  V  U  M  O  L  E  K  Y  L  O  G
Æ  K  J  G  C  J  F  F  F  V  D  R  X  G  R  C
R  O  T  A  S  Y  L  A  T  A  K  S  A  L  T  Z
```

| | |
|---|---|
| SYRE | HYDROGEN |
| ALKALISK | ION |
| ATOM | VÆSKE |
| VARME | MOLEKYL |
| KARBON | NUKLEÆR |
| KATALYSATOR | ORGANISK |
| KLOR | OKSYGEN |
| ELEKTRON | VEKT |
| ENZYM | SALT |
| GASS | TEMPERATUR |

# 52 - Api

```
K M J C J T D U C F Z P B B D Z
H A B I T A T P A G V I N G E R
P V V J M X E E D B N L S N R T
M A N G F O L D M I N I C I T Z
P R E T S M O L B K P F N N S G
O E E V O K S K M U R Q I N M K
L T B V G B C M N B G R D O O E
L N F C S U V T K E S N I R L H
E A C A X K N S F X E V M D B F
N L T O M E T S Y S O K Ø P Z S
C P U X P K U F T E Z X M A T I
C T F T U W J K S I H A U Y K Z
X Q N T V F A R X C G H B X U I
D G O T L R B R Ø Y K T F E R Y
T Z M G K E A T N I Q C T U F P
H A G E I J E P L K K L S I J X
```

VINGER
BIKUBE
GUNSTIG
VOKS
MAT
MANGFOLD
ØKOSYSTEM
BLOMSTER
BLOMSTRE
FRUKT

RØYK
HAGE
HABITAT
INSEKT
HONNING
PLANTER
POLLEN
DRONNING
SVERM
SOL

# 53 - Strumenti Musicali

```
W  B  I  U  F  Q  D  G  Y  W  U  G  B  F  L  Z
P  O  H  A  F  E  M  M  O  R  T  F  I  I  X  Q
E  Y  F  R  L  P  J  Z  X  N  P  O  E  T  Z  V
O  N  A  I  P  A  Z  S  Q  L  G  M  Q  J  A  D
B  U  P  E  Q  N  O  F  O  S  K  A  S  G  M  R
O  E  O  I  Y  Z  K  Y  J  Z  E  N  Z  A  U  G
Q  H  E  Y  U  M  T  X  N  O  N  D  C  K  N  N
F  D  R  T  K  U  E  H  A  A  O  O  E  L  N  T
O  A  K  M  E  U  P  F  B  Z  B  L  L  A  S  S
E  J  G  D  A  B  M  I  R  A  M  I  L  R  P  J
I  I  C  O  T  Z  O  O  I  W  O  N  O  I  I  V
L  W  U  H  T  G  R  L  D  D  R  H  Q  N  L  J
F  K  K  R  K  T  T  I  U  C  T  A  Q  E  L  U
F  L  Ø  Y  T  E  V  N  T  S  B  R  F  T  W  J
T  A  M  B  U  R  I  N  I  F  E  P  M  T  P  I
P  E  R  K  U  S  J  O  N  Z  J  E  P  N  T  Z
```

| | |
|---|---|
| MUNNSPILL | OBO |
| HARPE | PERKUSJON |
| BANJO | PIANO |
| GITAR | SAKSOFON |
| KLARINETT | TAMBURIN |
| FAGOTT | TROMME |
| FLØYTE | TROMPET |
| GONG | TROMBONE |
| MANDOLIN | FIOLIN |
| MARIMBA | CELLO |

# 54 - Professioni #2

```
Z  T  O  F  O  T  O  G  R  A  F  L  F  I  A  B
O  H  T  P  O  S  E  L  H  D  O  I  O  N  S  I
O  Q  Z  Q  P  R  V  F  S  C  S  N  R  G  T  B
L  W  O  G  W  F  W  F  E  Q  O  G  S  E  R  L
O  Q  G  R  U  R  I  K  Z  S  L  V  K  N  O  I
G  W  S  V  Q  M  D  N  Q  M  I  I  E  I  N  O
M  M  Q  H  X  Z  M  B  N  G  F  S  R  Ø  A  T
A  R  E  K  S  R  O  F  R  E  T  T  E  R  U  E
L  E  G  E  L  N  N  A  T  G  R  H  W  H  T  K
E  R  E  N  T  R  A  G  M  B  I  O  L  O  G  A
R  V  L  K  R  F  K  Q  T  Q  X  Q  B  M  T  R
D  Z  B  K  J  O  U  R  N  A  L  I  S  T  S  X
M  P  C  N  H  Y  H  B  P  E  J  N  X  R  C  J
P  I  L  O  T  D  O  C  C  B  J  G  N  A  Y  L
L  Æ  R  E  R  Ø  T  A  R  T  S  U  L  L  I  Y
U  U  O  P  X  T  E  Z  X  B  Z  J  F  V  J  B
```

| | |
|---|---|
| ASTRONAUT | INGENIØR |
| BIBLIOTEKAR | LÆRER |
| BIOLOG | OPPFINNER |
| KIRURG | ETTERFORSKER |
| TANNLEGE | LINGVIST |
| FILOSOF | LEGE |
| FOTOGRAF | PILOT |
| GARTNER | MALER |
| JOURNALIST | FORSKER |
| ILLUSTRATØR | ZOOLOG |

# 55 - Letteratura

```
Q  Y  S  F  P  I  F  A  R  G  O  I  B  D  R  B
S  N  R  E  H  I  M  O  N  A  M  O  R  I  I  E
E  A  M  E  T  I  H  A  R  A  D  P  E  A  M  S
Z  A  M  G  Z  C  D  A  E  F  L  N  Y  L  L  K
E  N  T  M  K  B  O  Z  G  U  A  O  T  O  Y  R
P  E  R  G  E  S  P  K  N  S  Q  T  G  G  Z  I
O  K  A  D  S  N  L  U  A  B  L  K  T  I  Q  V
E  D  G  C  Y  O  L  Z  J  M  R  I  F  E  C  E
T  O  E  M  L  J  I  I  S  F  M  D  S  C  R  L
I  T  D  H  A  S  T  U  G  M  E  N  I  N  G  S
S  E  I  C  N  U  S  V  J  N  G  N  R  K  B  E
K  L  E  Z  A  L  A  V  N  D  I  A  U  X  C  M
B  E  U  Z  I  K  G  M  P  D  J  N  E  T  W  T
K  S  Y  L  J  N  U  E  G  C  F  E  G  L  W  Y
M  M  C  U  R  O  F  A  T  E  M  M  Q  G  P  R
S  M  W  M  K  K  G  I  A  X  C  R  S  W  Z  F
```

| | |
|---|---|
| ANALYSE | METAFOR |
| ANALOGI | MENING |
| ANEKDOTE | DIKT |
| FORFATTER | POETISK |
| BIOGRAFI | RIM |
| KONKLUSJON | RYTME |
| SAMMENLIGNING | ROMAN |
| BESKRIVELSE | STIL |
| DIALOG | TEMA |
| SJANGER | TRAGEDIE |

# 56 - Cibo #2

```
F F H B B S T S O Y S U W T B Y
Y I R E L L E S J L Z H Q X Q O
Q L S U P D T R R O A R H X G G
O O V K S O P P X M K H N R G H
D K Z V Q G T J V S L O V K E U
A K F N M X C S T G C C L T U R
S O N T Y M X U D B I S K A R T
N R Æ B E S R I K W A G O M D W
N B E O L R X W X Y Y N G O Ø E
H P P X P I W I K X C I A T R K
A C B F E S D K P C D L C N B N
J I K H T Z E G S Z X L P G D I
P R U W E L D Z A U H Y E P K K
T M T H V A W V L T O K U X D S
T X P K H I F Q D Z C Q D O O S
E A U B E R G I N E K L Y V X I
```

BANAN
BROKKOLI
KIRSEBÆR
SJOKOLADE
OST
SOPP
HVETE
KIWI
EPLE
AUBERGINE

BRØD
FISK
KYLLING
TOMAT
SKINKE
RIS
SELLERI
EGG
DRUE
YOGHURT

# 57 - Nutrizione

```
A P P E T I T T F I G V D Q U C
K A R B O H Y D R A T E R S W L
P R O T E I N E R S C B M U I D
F I G G A U P T D K X J W J D H
T F J K P Z L Z E B R E K S Æ V
A N O Q W D F D K L H Y Z L W X
B I G T K E V D I E T T D M G D
T M I E S L E Y Ø D R O F D R W
B A L A N S E R T Z W C J H E I
H T E R N U G L E W Y D F Z I R
O I S N U A N T B V J J D R A
Y V I V S S I D I Y I Q H E O I
J X P R S W R M L R O T U K L D
G T S K R L Æ L A G Æ K T K A E
H E L S E M J T V L O N S E K Z
T J U W F L G M K P Y K N W R F
```

BITTER
APPETITT
BALANSERT
KALORIER
KARBOHYDRATER
SPISELIG
DIETT
FORDØYELSE
GJÆRING
VÆSKER

NÆRINGSSTOFF
VEKT
PROTEINER
KVALITET
SAUS
HELSE
SUNN
KRYDDER
GIFT
VITAMIN

# 58 - Matematica

```
L L E L L A R A P W B I X N D D
M N E K C W L T S G Z Y A W I E
J C T E S V B R U C U Z A E A S
O M I C N P K N A Q I E B F M I
R M U K O I O J Z W Z A O D E M
V E K I G U H N O G Y L O P T A
I H K R H F A L E C E J N W E L
N I R T E M M Y S N P K Q H R D
K W I E A T U L K G T F R F U I
L L H M J N S W T V S F Q L F V
E Q S O M I G N I N G I L F R I
R G W E O U Y E R Æ F S O T H S
Z X T G H W I K L E D K Ø R B J
Q O T R E K A N T E G R O T W O
R A D I U S S V O L U M Y M T N
A R I T M E T I K K F J N R G M
```

VINKLER
ARITMETIKK
DESIMAL
DIAMETER
DIVISJON
LIGNING
EKSPONENT
BRØKDEL
GEOMETRI
PARALLELL

OMKRETS
POLYGON
TORGET
RADIUS
REKTANGEL
SFÆRE
SYMMETRI
SUM
TREKANT
VOLUM

# 59 - Meditazione

```
K  P  P  T  G  R  X  F  P  F  C  D  G  Q  E  E
Z  U  L  G  J  O  X  G  X  U  R  E  K  N  A  T
M  U  S  I  K  K  G  S  N  E  S  E  X  N  D  W
P  T  X  L  A  I  Y  I  T  O  M  T  D  I  K  A
B  E  V  O  S  C  U  F  J  A  Y  E  E  S  Q  H
E  H  R  R  U  T  A  N  L  L  N  H  L  G  O  V
V  M  E  S  I  N  O  J  S  A  V  R  E  S  B  O
E  O  S  Z  P  U  U  E  S  T  N  A  F  N  A  D
G  S  L  C  A  E  G  N  I  N  D  L  O  H  K  K
E  K  E  I  C  R  K  S  J  E  D  K  N  V  S  V
L  R  L  J  J  P  N  T  K  M  K  P  D  G  E  U
S  E  Ø  T  T  E  H  G  I  L  N  N  E  V  P  W
E  M  F  Z  U  D  P  J  L  V  V  L  N  K  T  S
A  P  T  A  K  K  N  E  M  L  I  G  H  E  T  U
O  P  E  V  Y  Q  M  E  D  F  Ø  L  E  L  S  E
Q  O  S  T  I  L  L  H  E  T  N  A  W  I  Z  G
```

| | |
|---|---|
| AKSEPT | BEVEGELSE |
| OPPMERKSOMHET | MUSIKK |
| ROLIG | NATUR |
| KLARHET | OBSERVASJON |
| MEDFØLELSE | FRED |
| FØLELSER | TANKER |
| VENNLIGHET | HOLDNING |
| TAKKNEMLIGHET | PERSPEKTIV |
| MENTAL | PUSTE |
| SINN | STILLHET |

# 60 - Elettricità

```
A C V P T Y V G W H O Z X P T U
B A T T E R I E V B Z V R T S T
L J J C U M T N Y Z F T H P W S
K A Y H V E I E Q O O L I C X T
W A M L T N S R E T K E J B O Y
Q X B P H G O A E D Y R B G T R
W K V E E D P T V S P J E H E N
H I E X L E W O I G A Z L T L E
Y X M Z K S I R T K E L E C E T
S T I K K O N T A K T S K M F T
M Q L E D N I N G E R L T A O V
L A G R I N G Y E I I X R G N E
Z H T Æ C K B F N Y G A I N S R
Z E I P W A A W C I J K K E F K
E X V T T I R P E B F D E T B I
L X U N C R Q U A A G P R Y L Y
```

| | |
|---|---|
| UTSTYR | LASER |
| BATTERI | MAGNET |
| KABEL | NEGATIV |
| LAGRING | OBJEKTER |
| ELEKTRIKER | POSITIV |
| ELEKTRISK | STIKKONTAKT |
| LEDNINGER | MENGDE |
| GENERATOR | NETTVERK |
| LAMPE | TELEFON |
| PÆRE | TV |

# 61 - Antiquariato

```
L F U O W E A J A Q R Z J X R S
B T E R D N U H R Å F O S Q Y U
A K W T J S K G S I R P U A M O
R U D P L H S A K I T D V X K J
E X T R S J J M U C T B A N E C
S J N E R J O M L G A L L E R I
T Q A T N O N E P U Q R E M Y I
A C G N C T G L T E T I L A V K
U S E Y J T I S U S A K S B Y K
R E L M A S L S R Y N D E Q B X
E M E O B T N R K O Q U Q F R N
R Ø V B O B A S T I L U K Z J M
I B D E B M V D E K O R A T I V
N L S H R N U I O I L U K V S W
G E U P S D N A T S L I T V A J
D R O Z G N I R E T S E V N I H
```

KUNST
AUKSJON
AUTENTISK
SAMLER
TILSTAND
DEKORATIV
ELEGANT
GALLERI
UVANLIG
INVESTERING

MØBLER
MYNTER
PRIS
KVALITET
RESTAURERING
SKULPTUR
ÅRHUNDRE
STIL
VERDI
GAMMEL

# 62 - Escursionismo

```
B Q X I T Y U Y W D W L B P S B
M V N W F I A F R W M Z F A Y U
S T Ø V L E R Y D I K L C R R Q
B R C A M P I N G N S N B K Y H
A A V Y W P W L L I V O P E R L
T K Z Z C I B O M H T I Y R Q V
W U E G Z L W S R I T F A R E R
K Y N G L K J T Y L Ø X M S F M
I L P G E S L E D E R E B R O F
W Q I Y D G N I R E T N E I R O
P H I M O W J N F J E L L S E C
O H D Q A M F E N E Y D Y X B L
N A T U R J P R A A W T O V W D
T O P P M Ø T E Q P V R Q X J M
R P C G S I I N G C W K P J I Z
Y B O Y B A B Y A C E F E R G O
```

| | |
|---|---|
| VANN | TUNG |
| DYR | STEINER |
| CAMPING | FORBEREDELSE |
| KLIMA | KLIPPE |
| KART | VILL |
| FJELL | SOL |
| NATUR | TRØTT |
| ORIENTERING | STØVLER |
| PARKER | TOPPMØTE |
| FARER | MYGG |

# 63 - Professioni #1

```
K R Ø R L E G G E R E K I S U M
A A A D V O K A T J G Y F G V L
O C R Ø T K A D E R B O X U E I
K P Ø T K G O L O E G F S L T G
H Q D S O T D H S I K G P L E H
M Q A I T G O L O K Y S P S R S
V E S N F R R E S N A D X M I Y
A A S A O A E A H A O H U E N K
R Z A I Z B R N F B B Y S D Æ E
A V B P U H E M E P G B T H R P
M Y M J E M N C A R Z Y S O C L
A P A P I Y T Z O S R V F J Q E
E Q P M S N S Q Y E Ø Z D G L I
Z M R E W T N I W S D Y O Y L E
L J E G E R U M O N O R T S A R
G B E X X D K W F O R S K E R S
```

| | |
|---|---|
| TRENER | FARMASØYT |
| AMBASSADØR | GEOLOG |
| KUNSTNER | GULLSMED |
| ASTRONOM | RØRLEGGER |
| ADVOKAT | SYKEPLEIER |
| DANSER | MUSIKER |
| BANKIER | PIANIST |
| JEGER | PSYKOLOG |
| KARTOGRAF | FORSKER |
| REDAKTØR | VETERINÆR |

# 64 - Antartide

```
D T O P O G R A F I F T V K E S
H U V T O Q T F V J R E F O K X
A J N L O E F Z J E E M G N S I
L F B E E V B V P M E P E T P F
V G T O J H E I G M R E O I E O
Ø Z X Q T U E T K U B R G N D R
Y A U Q V H R E Y K S A R E I S
H V A L A M E N S Q I T A N S K
M L N A N I L S Z T S U F T J E
Y I Z W N G A K K W E R I X O R
D V L U P R R A J O Q I T M N V
E R C J O A E P T B Ø R N N B R
N O Y O Ø S N E X G I Y I E Z S
C P M K N J I L B P G R E P T Q
U V B G X O M I U C H I H R F E
G S S Y P N K G B E V A R I N G
```

| | |
|---|---|
| VANN | MIGRASJON |
| MILJØ | MINERALER |
| BUKT | SKYER |
| HVAL | HALVØY |
| BEVARING | FORSKER |
| KONTINENT | STEINETE |
| GEOGRAFI | VITENSKAPELIG |
| ISBREER | EKSPEDISJON |
| IS | TEMPERATUR |
| ØYER | TOPOGRAFI |

# 65 - Libri

```
D Y B E X N G Y I F A B K Q D K
Z Z L Y O I N A M O R J S N U O
V L M A K S I G A R T S I A A N
V P O E S I L P X F A C T G L T
W M S I D Q M K Y A F W S K I E
S B N R Z I A E B T W H I K T K
A U N O T I S U R T U G R L E S
H M I T B R E L L E T R O F T T
A S F S R Y X F B R F T M X Y E
U K P I S K R E V E T C U O E G
N S P H L I T T E R Æ R H D T M
V Z O I L S S E I R E S H G N M
M L E S E R K W P E V E N T Y R
H I S T O R I S K I E I P K M X
W I X Q N O E A V E S I O I X C
M X J W I A L L E U T K A L H H
```

FORFATTER
EVENTYR
SAMLING
KONTEKST
DUALITET
EPISK
OPPFINNSOM
LITTERÆR
LESER
FORTELLER

SIDE
POESI
AKTUELL
ROMAN
SKREVET
SERIE
HISTORIE
HISTORISK
TRAGISK
HUMORISTISK

# 66 - Geografia

```
T F H A L V K U L E T C P I P S
T R J U G J S Y E K E W R I U H
B Y M E S K C X F N R B V X O A
X M S J L B C P T D R Y X A X Z
Y D X H C L P G M W I U K T B D
K K O N T I N E N T T K C X Q J
M U G L H D A I F R O D N A L M
H B K P Z J I Q U A R A B L G F
R E G I O N D L P K I R Y U S F
Y A H F W B I V I L U G K E L V
T C A U V Y R Y N A M E D T A U
O O E M F C E V E S T D N O R D
H R V B S Y M R D F X G X X P S
Y A X B Q Ø E P R U U N D L X C
U L V J D A R G E D D E R B O U
H Ø Y D E J Q T V A T L A S Y V
```

| | |
|---|---|
| HØYDE | HAV |
| ATLAS | MERIDIAN |
| BY | VERDEN |
| KONTINENT | FJELL |
| HALVKULE | NORD |
| ELV | VEST |
| ØY | LAND |
| BREDDEGRAD | REGION |
| LENGDEGRAD | SØR |
| KART | TERRITORIUM |

# 67 - Cibo #1

```
F P W D L Z N I R U Q T G G Y B
J D W X S P Y R T N L A A U N O
K Y K Z T K K S I F N U T L A B
J A P I G G P J Y K Q S I R A A
O D N U X C Æ Z Ø E V A P O U S
R S O E Q J R L N T Q L H T A I
D Z R M L F E P E N T T M Y Y L
B X T R K G C O K Y D L E I F I
Æ T I D H O I X A M N H L N T K
R V S G K H U K K M R L K Ø L U
E H L N R D J H V I T L Ø K R M
K A P L M Y Y E B B A F Z J M I
K B W T S S E R G U N G G J W K
U A W U V F K R G M I T L S X H
S O R S M W M W D S P Y Q M A L
S E Q K Y I L O Q J S V C O M O
```

HVITLØK
BASILIKUM
KANEL
KJØTT
GULROT
LØK
JORDBÆR
SALAT
MELK
SITRON

MYNTE
BYGG
PÆRE
NEPE
SALT
SPINAT
JUICE
TUNFISK
KAKE
SUKKER

# 68 - Aeroplani

```
H O U B V B T M P N N I Y Q Q M
I A Q Q P D R F C F F L U F T A
S T J B M E R E G I V A N T O N
T O Y H X R P G N I N T E R L N
O Q K Y J E R Æ F S O M T A I S
R T P D D H R Y T N E V E B P K
I U Z R O T O M Q Y I L P L P A
E R B O V K A R E J S A S S A P
H B J G N I N M A T S V A T T N
T U B E N O J S K U R T S N O K
X L D N G I H H I M M E L Y E F
S E R O I D D Ø W B A L L O N G
Y N C D S N Y N Y Q L G J R J I
N S L X E B J G A D L E J O B B
F Z Y U D M C B F L E I P Q Z D
B L Z H O F L X U V E M Z U K K
```

HØYDE
LUFT
ATMOSFÆRE
LANDING
EVENTYR
BRENSEL
HIMMEL
KONSTRUKSJON
DESIGN
RETNING

AVSTAMNING
MANNSKAP
HYDROGEN
MOTOR
NAVIGERE
BALLONG
PASSASJER
PILOT
HISTORIE
TURBULENS

# 69 - Governo

```
R  I  Y  E  B  T  R  Z  J  B  Y  H  O  Q  D  N
R  E  U  T  Z  J  V  F  L  F  R  I  H  E  T  A
N  L  T  N  E  M  U  N  O  M  C  F  E  I  A  S
O  A  U  T  O  K  I  K  B  D  S  F  N  D  T  J
J  T  S  S  F  F  T  R  M  E  L  L  M  E  S  O
S  R  F  J  V  E  A  W  Y  U  S  K  X  D  U  N
U  W  R  W  O  J  R  L  S  Q  E  A  S  I  N  A
K  U  X  O  L  N  K  D  I  M  L  Q  P  S  N  L
S  W  Q  M  N  Q  O  P  I  I  X  O  G  T  Y  I
I  A  C  G  N  V  M  B  I  G  M  D  V  R  I  V
D  F  F  X  U  B  E  N  R  B  H  C  X  I  N  I
H  M  M  T  R  E  D  E  L  G  E  E  T  K  K  S
H  I  T  Y  G  X  C  K  G  I  L  S  T  T  E  R
U  A  V  H  E  N  G  I  G  H  E  T  E  U  V  V
K  J  L  O  V  L  I  G  P  O  L  I  T  I  K  K
L  I  K  E  S  T  I  L  L  I  N  G  R  F  V  C
```

| | |
|---|---|
| LEDER | LOV |
| SIVIL | FRIHET |
| GRUNNLOV | MONUMENT |
| DEMOKRATI | NASJONAL |
| TALE | NASJON |
| DISKUSJON | POLITIKK |
| RETTSLIG | DISTRIKT |
| RETTFERDIGHET | SYMBOL |
| UAVHENGIGHET | STAT |
| LOVLIG | LIKESTILLING |

# 70 - Bellezza

```
L D O P M A J S M D K W A Y U K
N U E U R N S K G F R G Y N A O
N V P H U O F A C Y Ø D E H L S
S O C Z T N D S L U L I E P S M
W J U V U Å J U U S L J A H T E
Z E A Y U D T K K R E G R A F T
E J U R G E U W E T R I M R L I
F K I L M G L A T T E M W A E K
E L E G A N S E L N J R Y C P K
L S T Y L I S T Q A L F G S P S
Z W D F J U F A B G O Q F A E V
H X Y U F O T O G E N A H M S S
W V D B F H Z U Q L Y J U Z T S
W I C R E T S E N E J T D H I K
L Y J Y Z E F T L U R Z I G F I
L M L B K O T A E O Z W B R T B
```

FARGE
KOSMETIKK
ELEGANT
ELEGANSE
SJARM
SAKS
FOTOGEN
DUFT
NÅDE
GLATT

MASCARA
OLJER
HUD
PRODUKTER
KRØLLER
LEPPESTIFT
TJENESTER
SJAMPO
SPEIL
STYLIST

# 71 - Avventura

```
Z T Y N O J S A G I V A N F V R
P E Q Q C H E J Y H Y V W O A E
G Z W N G I L N A V U U J R N I
A G R E N N E V C N J Q Y B S S
J K U L B I W K H Z S R Y E K E
I D T E H N N Ø J K S E R R E R
T K A I O N V O G S I G E E L D
V L N W V G K D A I B N I D I M
U J X Q O I P R G K K I S E G U
C T F N E L T J W K X R E L H L
P Y F Q Y R Z E B E N D R S E I
F B Y L L A P D T R B R U E T G
V L F F U F Z E N H O O T A Z H
G E L B L K I L S E P F E V P E
D C M V E O T G T T A T G M V T
D E S T I N A S J O N U Q B I U
```

VENNER
AKTIVITET
SKJØNNHET
SJANSE
DESTINASJON
VANSKELIGHET
UTFLUKT
GLEDE
UVANLIG
REISERUTE

NATUR
NAVIGASJON
NY
MULIGHET
FARLIG
FORBEREDELSE
UTFORDRINGER
SIKKERHET
REISER

# 72 - Forme

```
F Y Z U K K B W M P F P H Z O S
E Z L B X U D V W P R I S M E Y
A R Q Z Z B N U Z Z P B R O Y L
E Y O E R E W U N V C I T U K I
W H H G L A V O S F Æ R E L L N
H J Ø R N E J P Y R A M I D E D
T B U E E L G K D Q T O S F D E
O S K H L G G N U B W J H I A R
R I A Y L E N U A R Y W O P D K
G R N P I J V E B T V C F O J E
E K T E P K Y F B W K E R L Q M
T E E R S L I N J E Y E T Y K O
Z L R B E F H Q H N B E R G H L
T G P O I D J P H G T M M O P X
W Q G L C I H B X P K X N N E E
B T N A K E R T Q W K T V U E N
```

HJØRNE
BUE
KANTER
SIRKEL
SYLINDER
KJEGLE
KUBE
KURVE
ELLIPSE
HYPERBOLA

SIDE
LINJE
OVAL
PYRAMIDE
POLYGON
PRISME
TORGET
REKTANGEL
SFÆRE
TREKANT

# 73 - Oceano

```
H A I D R E K E B M N Q Q M A M
Y R F R E G L Ø B A N P M A V S
P K S B D L L A R O K E F N W H
J W Z E D A F Ø S T E R S E D Y
S S Q I A V X I D Å E Y Å T M P
L D A I P H A E N B B K L Z P D
D R B V L N V B K N B F U B N V
N A R O I W P O H S A A O Z I V
R Z M U K A F B W N R V X G H W
E H C D S T U R P S K K E L B B
T U N F I S K M P B T S H D T L
L S K Z G S T O R M Z C C W I C
T M A A L U H N B S P D P H A T
P H K L L J D P G J L N Z L A Z
F I S K T Z V E W W N Z R E V H
A D Q M R A V F M V K F Z X F R
```

| | |
|---|---|
| ÅL | ØSTERS |
| HVAL | FISK |
| BÅT | BLEKKSPRUT |
| KORALL | SALT |
| DELFIN | REV |
| REKE | SVAMP |
| KRABBE | HAI |
| TIDEVANN | SKILPADDE |
| MANET | STORM |
| BØLGER | TUNFISK |

# 74 - Creatività

```
D U A K F Ø L E L S E R O P I U
V R R H U B W I R X X B R Y N T
Q R A H M N F T D A D J G V S T
P H F M G E S L E L Ø F P I P R
N O Z J A T U T Y C K A X S I Y
B I L D E T I W N T E O F J R K
N T E T I S I T N E T U A O A K
Z W G B O G B S A E R W E N S F
I N N T R Y K K K S I I U E J E
I N T U I S J O N T D S S R O R
I N T E N S I T E T E A W K N D
O P P F I N N S O M E T K F J I
K V W X N K F G H N R N W S Y G
J V K N K L A R H E T A D V U H
S P O N T A N L Z K Z F S I S E
V I T A L I T E T O M X Z K G T
```

FERDIGHET
KUNSTNERISK
AUTENTISITET
KLARHET
DRAMATISK
FØLELSER
UTTRYKK
FLYT
IDEER
FANTASI

BILDE
INNTRYKK
INTENSITET
INTUISJON
OPPFINNSOM
INSPIRASJON
FØLELSE
SPONTAN
VISJONER
VITALITET

# 75 - Veicoli

```
C U U J Q C Z A Z H C W M L T C
D X P K L K D L R E T O O C S A
E T Å L F N J L X K F L T M V M
K U U Q L R G F Y M I U O Y Z P
K T N P I N E H V I X P R P K I
E R V D B A M B U L A N S E J N
B A H Z E R A K E T T Å B C X G
U K W T R E T P O K I L E H V
S T X Y S L V M O J O G S D C O
S O H K A K P A Y I E C Y V M G
H R U O L B I L N M S K K F W N
F E R J E Z N D V N O Q K E L Y
W P A L R U U F T Y S W E V Y Y
W N O W U B F I T P U B L B J U
A A T J E Y D Y Y V F O Å D O V
F R S X I W A J T O G E W T V F
```

| | |
|---|---|
| FLY | DEKK |
| AMBULANSE | RAKETT |
| BIL | SCOOTER |
| BUSS | UNDERVANNSBÅT |
| BÅT | TAXI |
| SYKKEL | FERJE |
| LASTEBIL | TRAKTOR |
| CAMPINGVOGN | TOG |
| HELIKOPTER | FLÅTE |
| MOTOR | |

# 76 - Emozioni

```
G  I  L  M  E  N  K  K  A  T  M  F  Y  M  N  T
R  Y  Z  E  W  J  M  J  P  F  V  L  P  L  U  R
A  O  O  G  K  N  I  X  E  D  R  A  V  B  R  I
G  D  L  O  H  N  N  I  Z  D  R  U  R  Y  O  S
H  Y  Z  I  T  S  L  K  V  V  S  F  Z  V  O  T
Y  T  E  H  G  I  L  R  Æ  J  K  O  R  Q  C  H
D  K  Q  L  M  T  O  H  I  T  A  P  M  Y  S  E
X  V  X  U  Z  E  S  L  E  T  T  E  L  H  K  T
G  L  E  D  E  P  F  O  R  N  Ø  Y  D  L  E  T
M  Y  K  P  Y  P  H  I  N  G  S  V  E  N  B  T
E  X  R  W  E  A  O  F  Z  I  P  K  R  Y  I  I
T  E  H  G  I  L  A  S  K  K  Y  L  F  W  X  J
E  N  E  Y  E  S  L  E  K  S  A  R  R  E  V  O
H  N  O  G  X  V  E  N  N  L  I  G  H  E  T  N
M  I  Q  Y  Q  A  N  U  X  I  D  B  C  L  D  F
Ø  S  R  V  O  A  P  O  I  H  W  D  O  N  I  R
```

| | |
|---|---|
| KJÆRLIGHET | FRYKT |
| LYKKSALIGHET | SINNE |
| ROLIG | AVSLAPPET |
| INNHOLD | LETTELSE |
| VENNLIGHET | SYMPATI |
| GLEDE | FORNØYD |
| TAKKNEMLIG | OVERRASKELSE |
| FLAU | ØMHET |
| KJEDSOMHET | RO |
| FRED | TRISTHET |

# 77 - Natura

```
P C E B R S S Q P F E R Y D H H
G W R U V X K P U J F O I X R E
A A O D K F J O C E L L Z R E L
V E S S K E Ø X Z L S I T N T L
W O J V K B N I Y L P G B I Z I
K T O D P O N F Y Y L O M S A G
V Y N B D L H Y I Y L F J B T D
X A J V I R E Y K S Q D A R T O
J K L L I E T J L C T I A E U M
Ø R K E N L R V I K T I G H P T
O E S H L Y L W S N S K M O H A
N V I C A F P X G O P Y S X B C
Z V T O N F T R O P I S K T L D
D Ø K Q P R T K K S I M A N Y D
C L R D Z W J T S I U Q Q I R G
S F A J X X O V T Å K E U F B V
```

| | |
|---|---|
| DYR | ISBRE |
| BIER | FJELL |
| ARKTISK | TÅKE |
| SKJØNNHET | SKYER |
| ØRKEN | LY |
| DYNAMISK | HELLIGDOM |
| EROSJON | VILL |
| ELV | ROLIG |
| LØVVERK | TROPISK |
| SKOG | VIKTIG |

# 78 - Balletto

```
W U R B T S Y R O U K O B L F M
M V N F A N I R E L L A B A E U
D E M Q G H Q Y U L B Z W S R S
L M U K I L B U P U K F F I D I
P U H U O P R Q E F U U N I K
R G K S I R E N T S N U K T G K
E E S C E S E U Z K Y R X E H T
T S I N O P M O K K O X K N E E
S T S M G E C U G Y K J J S T K
E J K D U R K F K R B Y F I A N
K I A M V S A J G T A B L T P I
R U R T S D K S T T V F L E P K
O A P O E V Q L I U O M I T L K
S C W Ø V I N G E Ø M L T K A G
C B D A N S E R E R S V S E U D
R Y T M E O I Y S C T M C G S R
```

| | |
|---|---|
| FERDIGHET | INTENSITET |
| APPLAUS | MUSKLER |
| KUNSTNERISK | MUSIKK |
| BALLERINA | ORKESTER |
| DANSERE | PRAKSIS |
| KOMPONIST | ØVING |
| KOREOGRAFI | PUBLIKUM |
| UTTRYKKSFULL | RYTME |
| GEST | STIL |
| GRASIØS | TEKNIKK |

# 79 - Paesi #1

```
P D N A L N I F R M C F I I L X
H I O B T Y J C N M L S H N Q C
B Y R R C F D X A B E P I D Y D
G K G A I N A M O R W A C I L T
I W E S Z I S R A E L N D A C M
D U L I P Z Y E L M Z I R A D U
H V B L A G E N E S A A O J B I
Z O P P S R I T U U M L I S L D
N Q P I F M R Y Z L W T I D J C
E G Y P T A A S E O I O N O Z Q
P O L E N R K K N P T B Q B P D
K Z G H Y O W L E Y A Z Y M W Z
P X A Y E K O A V F S N E A L Q
E F Z G R K E N P G R H A K S G
J K B I X O A D A N A C A M P M
B W I R V I E T N A M P B Q A V
```

| | |
|---|---|
| BRASIL | MALI |
| KAMBODSJA | MAROKKO |
| CANADA | NORGE |
| EGYPT | PANAMA |
| FINLAND | POLEN |
| TYSKLAND | ROMANIA |
| INDIA | SENEGAL |
| IRAK | SPANIA |
| ISRAEL | VENEZUELA |
| LIBYA | VIETNAM |

# 80 - Geometria

```
A M D D L S T W B U D F H W D P
K Y X I O Y W Y K F T J O S R A
V S Z M G M M I K C S K R I A R
S Z H E I M R E T E M A I D K A
P U Ø N K E N O D V X V S B U L
Z X Y S K T S L T I R P O E R L
I B D J N R H F J R A T N R V E
Y R E O P I S T L Z T N T E E L
V Q O N F H Z G S A E A A G V L
A N D E L E K N I V T K L N E Q
H H Q F T C H I P G N E E I R V
N U M M E R L N L D E R K N T L
X Q O U S E F G P F M T R G I U
L U B G S P P I B W G N I B K I
F S O R Q I G L C E E B S A A H
K M I Q X U W D X U S E Y F L T
```

| | |
|---|---|
| HØYDE | NUMMER |
| VINKEL | HORISONTAL |
| BEREGNING | PARALLELL |
| SIRKEL | ANDEL |
| KURVE | SEGMENTET |
| DIAMETER | SYMMETRI |
| DIMENSJON | FLATE |
| LIGNING | TEORI |
| LOGIKK | TREKANT |
| MEDIAN | VERTIKAL |

# 81 - Foresta Pluviale

```
S A M I L K J K U P Y S O O Q J
E A R E I B I F M A D Y M U E U
D D M T K E P S E R E L G U F N
K L O F R U V E R D I F U L L G
P O H X U T E F D S S H J M O E
A F P Z M N T I L F L U K T Y L
T G W L T G N I R A V E B W K U
T N I N Z E T E N U U L W D Y W
E A G B G B G M T S K Y E R H V
D M Y O R E S T A U R E R I N G
Y A M T W N X X B Q L L E R O J
R U M A G G N A T U R M O S E E
Y O V N O V E R L E V E L S E M
V D W I Q G P C Y D X X T T Z Y
V R K S I N S E K T E R X W N M
G C F K B N A Q C N I Q A J Q Z
```

| | |
|---|---|
| AMFIBIER | NATUR |
| BOTANISK | SKYER |
| KLIMA | BEVARING |
| SAMFUNNET | VERDIFULL |
| MANGFOLD | RESTAURERING |
| JUNGEL | TILFLUKT |
| URFOLK | RESPEKT |
| INSEKTER | OVERLEVELSE |
| PATTEDYR | ART |
| MOSE | FUGLER |

# 82 - Edifici

```
B I T Z L E I L I G H E T W J L
H S E L M E T E D S L B H M S A
J V P B H V S T T C H Q G K Y B
B K M V U K Z O Y N V X N Z K O
V T B X I F B N Y H R N R L E R
U F A B R I K K M U E S U M H A
K G O C T P E E S I G E N X U T
I L S F R W P D W R R G P S O
N M U I R O T A V R E S B O P R
O R C O O Y L L X E B V U T M I
D A Å T T S E I O T R Å L W U
R D C T W S T I J A E T G L R M
Z T T U Z K M X U E H O T E L L
T H D O N O I D A T S L H M L J
P K S P X L A M B A S S A D E X
V J P H D E K R A M R E P U S Z
```

AMBASSADE
LEILIGHET
HYTTE
SLOTT
KINO
FABRIKK
LÅVE
HOTELL
LABORATORIUM
MUSEUM

SYKEHUS
OBSERVATORIUM
HERBERGE
SKOLE
STADION
SUPERMARKED
TEATER
TELT
TÅRN

# 83 - Malattia

```
G Y C Z C L L L E I R E T K A B
I E T R E J H U S Z W J T A K K
L G N G G Z P Y F M T Z U V R Q
E N U E S L E H R T I B K S O T
V U L I T I U R B E V T A V P M
R L S F P I G E O T V E T W P I
A B X M H F S P J I W O I S V L
V E L V Æ R E K J N Z H P E O V
A L L E R G I S R U V I Y H N M
S Y N D R O M I E M C Y H D Y E
K D I I X Z U N K M S N L K J N
J O D S D F I O A I C U D K V L
R L H A K H O R A B M U L H F A
T E R A P I O K Q E G J J Y I P
N E V R O P A T I R O H U M W X
B E T E N N E L S E O K C G F Y
```

| | |
|---|---|
| AKUTT | GENETISK |
| ALLERGI | IMMUNITET |
| BAKTERIELL | BETENNELSE |
| VELVÆRE | LUMBAR |
| SMITTSOM | NEVROPATI |
| KROPP | LUNGE |
| KRONISK | LUFTVEIENE |
| HJERTE | HELSE |
| SVAK | SYNDROM |
| ARVELIG | TERAPI |

# 84 - Paesi #2

```
L  J  R  P  T  P  N  C  N  D  H  G  T  W  N  U
I  A  U  D  M  A  Y  O  A  A  I  R  Y  S  E  K
B  P  S  A  P  W  H  O  D  N  T  B  L  O  P  R
E  A  S  F  L  I  E  N  U  M  I  S  P  A  A  A
R  N  L  S  F  R  N  S  S  A  A  E  I  L  L  I
I  P  A  P  W  T  E  D  R  R  H  T  I  K  W  N
A  D  N  A  G  U  W  M  O  K  D  K  B  M  A  A
I  I  D  H  E  L  L  A  S  N  V  P  C  A  V  P
P  L  N  F  M  U  O  H  T  O  E  A  X  Z  Y  B
O  R  A  A  J  A  M  A  I  C  A  S  P  W  O  Y
I  F  L  J  B  X  X  N  O  I  B  P  I  T  F  S
T  K  R  V  C  L  N  R  G  X  S  O  K  A  C  G
E  U  I  P  K  C  A  I  R  E  G  I  N  K  V  L
T  U  B  F  P  O  R  T  C  M  M  Q  F  G  L  Q
D  Z  U  B  R  E  A  U  C  L  S  E  A  S  Y  T
L  H  O  A  Y  Q  H  Y  D  X  N  I  M  Y  H  Q
```

| | |
|---|---|
| ALBANIA | LIBERIA |
| DANMARK | MEXICO |
| ETIOPIA | NEPAL |
| JAMAICA | NIGERIA |
| JAPAN | PAKISTAN |
| HELLAS | RUSSLAND |
| HAITI | SYRIA |
| INDONESIA | SUDAN |
| IRLAND | UKRAINA |
| LAOS | UGANDA |

# 85 - Tipi di Capelli

```
U  R  F  S  R  S  N  L  T  I  V  H  B  E  T  S
S  F  V  L  Ø  S  Q  S  A  Y  W  Z  H  H  P  V
H  X  T  R  E  L  L  Ø  R  K  K  N  N  S  L  P
T  T  A  L  G  T  H  Å  R  G  F  K  D  U  Z  I
S  Y  Q  P  C  J  T  K  Ø  M  Y  K  G  N  A  L
K  D  N  O  L  B  E  E  T  K  F  E  I  N  C  F
A  J  U  N  H  W  L  X  T  O  A  W  R  P  R  X
L  P  R  A  V  S  L  W  L  R  R  N  V  W  W  N
L  U  B  D  K  L  Ø  H  A  T  G  C  J  V  Q  C
E  N  T  S  B  R  R  E  T  T  E  L  F  T  R  N
T  V  W  A  B  E  K  Z  Z  M  T  N  F  R  X  E
I  X  Q  M  R  N  R  W  E  S  M  K  K  L  K  W
M  E  C  O  F  J  N  O  Y  Q  O  D  O  X  E  U
W  K  E  E  O  G  W  U  A  G  W  R  U  L  I  M
X  M  K  N  V  V  F  P  D  V  R  F  L  Z  C  M
N  D  S  V  A  R  T  T  W  G  Y  M  Q  C  D  O
```

| | |
|---|---|
| SØLV | LANG |
| TØRR | BRUN |
| HVIT | MYK |
| BLOND | SVART |
| KORT | KRØLLET |
| SKALLET | KRØLLER |
| FARGET | SUNN |
| GRÅ | TYNN |
| FLETTET | TYKK |
| GLATT | FLETTER |

# 86 - Vestiti

```
L A L F S X Q X K I F F S H Z W
E R S O A L S K J O R T E K X E
V M W R M G B E Q C H J L X O B
T B W K A O U Y T Z V W H Z R C
J Å O L J P T A E R I R Z X P P
M N E E Y B R E K S N A H G J B
N D I R P C E S K J Ø R T Z H D
V I I F R X S U A U E D I X D D
C A B E Z J N L J U B H F G D N
S K J E R F E B P T Y B A A Y E
Y Y P A Y D G W F T U E T U X M
B U K S E R F N H C E L M V O Q
O S O T K F L R G D L T T A H T
T M B G O L N R A J O E V S O D
H A L S K J E D E K J E A N S L
L T S A N D A L E R K Q U N J U
```

KJOLE
ARMBÅND
BLUSE
SKJORTE
HATT
FRAKK
BELTE
HALSKJEDE
JAKKE
SKJØRT

FORKLE
HANSKER
JEANS
GENSER
MOTE
BUKSE
PYJAMAS
SANDALER
SKO
SKJERF

# 87 - Attività e Tempo Libero

```
B S X U W C A M P I N G F L O G
C W U O T P E P J R R J O R S M
P J O R P X Y R D C D N T Y H A
W I E N F Q P N Y H Z A T F O L
N Z Z T F I X Y K F C V U F P E
F S Z E T S N U K O X S R T P R
U I C L O T N G I T R L E E I I
Y R S D L R X V N B E A R N N O
Z T Q K R A R K G A I P W N G Q
Q W Y U E E B M Z L S P L I N A
Z J Q J C R T Y V L E E C S I A
L H T X K J N L E J Z N J I M H
W P K B A S E B A L L D J G M W
B A S K E T B A L L L E Q K Ø X
B O K S I N G Y H D T O M Z V O
H A G E A R B E I D L U V C S E
```

KUNST
BASEBALL
BASKETBALL
BOKSING
FOTBALL
CAMPING
FOTTURER
HAGEARBEID
GOLF
DYKKING

SVØMMING
VOLLEYBALL
FISKE
MALERI
AVSLAPPENDE
SHOPPING
SURFING
TENNIS
REISE

# 88 - Arte

```
H  T  T  W  N  L  X  D  S  M  K  E  B  P  Z  S
X  S  S  Y  M  B  O  L  K  K  Y  R  T  T  U  U
S  K  I  L  D  R  E  B  A  G  E  U  R  O  M  R
O  E  S  Z  J  V  K  R  P  C  N  G  Q  R  S  R
N  L  E  S  Z  H  C  E  E  B  K  I  X  I  A  E
J  P  O  Z  K  Q  T  N  R  W  E  F  O  G  M  A
E  M  P  B  Z  U  A  M  I  A  L  H  S  I  M  L
L  O  Q  T  R  M  L  E  W  C  M  G  I  N  E  I
P  K  F  R  O  O  Z  P  B  U  D  I  M  A  N  S
M  A  L  E  R  I  E  R  T  W  K  L  S  L  S  M
A  G  P  R  Q  G  K  J  O  U  B  R  E  K  E  E
F  J  Z  I  B  O  Q  F  A  X  R  Æ  B  H  T  A
S  F  E  P  V  I  S  U  E  L  L  C  V  N  P
P  E  R  S  O  N  L  I  G  H  U  M  Ø  R  I  Z
O  G  W  N  W  T  K  C  U  H  G  H  M  S  N  X
U  Y  J  I  K  C  J  I  D  G  M  S  W  Q  G  O
```

KERAMISK
KOMPLEKS
SAMMENSETNING
SKAPE
MALERIER
UTTRYKK
FIGUR
INSPIRERT
ÆRLIG
ORIGINAL

PERSONLIG
POESI
SKILDRE
SKULPTUR
ENKEL
SYMBOL
EMNE
SURREALISME
HUMØR
VISUELL

# 89 - Meteo

```
H T H A Z J X C S T M P G Q Q Q
B E S S R D I V M J O G N A R Q
B M E K T O R N A D O R I I R S
T P V U Y D R Y D O F L D N I V
J E A Z L E Ø L V R C R Z E V C
F R M T Z G T Q N K B T B X N P
K A I B M R O T S A S P V E U W
M T L R J O K O X N K X Z D S N
P U K I V T S V E I S H J A N X
H R W S D Ø I F V A O I R U O H
B Q L M S R P C Æ L R M E A M V
Z B C M E K O B A R X M G H A D
P O L A R E R X R I E E N M I K
N B A W F A T E E V M L B L Z I
O O I A Y P B E U Y V I U E O Z
J G D W R V C T Å K E J E A E N
```

| | |
|---|---|
| REGNBUE | SKY |
| TØRR | POLAR |
| ATMOSFÆRE | TØRKE |
| BRIS | TEMPERATUR |
| HIMMEL | STORM |
| KLIMA | TORNADO |
| LYN | TROPISK |
| IS | TORDEN |
| MONSUN | ORKAN |
| TÅKE | VIND |

# 90 - Corpo Umano

```
U G M I N R U I S V C A V H G V
H H R L Z U P Y Y Q D K N V Y J
P H D R E H E J T I D K I K W D
H A A A D J J F H V U M E N E O
U J B O G E Y Ø Å S H C B Q U L
N F E R Ø R M U N M A G E H B B
Y J K R L N A V D Z B G S U L M
T X A E T E F I N G E R E D A U
P Y H D K E Y K P U D H N W T D
Z O Q L I O Y B N P O Y M I R O
C E C U S Q U G E E H K X T B J
Z T U K N B Z I X F V C Q K J P
N M N S A S A W R K T H L F H W
T U K F Q K K U U X B A X V C Q
M U N N S W P V K R A L Z B N K
B P X A I T R I J Y T S L W A O
```

| | |
|---|---|
| MUNN | HÅND |
| ANKEL | HAKE |
| HJERNE | NESE |
| HALS | ØYE |
| HJERTE | ØRE |
| FINGER | HUD |
| ANSIKT | BLOD |
| BEIN | SKULDER |
| KNE | MAGE |
| ALBUE | HODE |

# 91 - Mammiferi

```
K  O  G  Y  K  K  K  D  M  A  T  G  K  M  I  P
D  Y  H  O  A  E  V  Ø  L  A  V  H  G  O  P  K
K  C  G  R  N  N  S  I  B  X  O  R  S  D  O  R
V  T  X  Y  I  G  W  K  C  D  M  E  A  I  O  N
R  I  F  K  N  U  V  P  O  B  N  V  U  P  O  B
A  B  V  R  L  R  U  L  V  G  F  I  N  Q  P  Q
S  W  E  L  A  U  D  R  Q  G  E  P  O  Y  M  Y
E  K  D  S  K  V  G  O  H  T  E  L  S  L  I  B
B  A  N  T  T  A  K  H  T  C  F  Y  D  P  V  D
R  X  H  P  R  B  P  S  J  I  R  A  F  F  H  E
A  Z  N  T  S  E  H  E  I  J  P  T  S  P  J  L
O  Z  V  H  I  V  L  U  E  I  R  Æ  R  P  O  F
G  B  J  Ø  R  N  N  T  N  A  F  E  L  E  R  I
G  O  R  I  L  L  A  Z  Y  D  O  O  E  W  T  N
C  O  K  C  E  A  C  X  C  X  G  A  G  M  M  G
Q  Y  F  R  A  J  V  K  T  O  T  Z  E  T  U  F
```

| | |
|---|---|
| HVAL | SJIRAFF |
| HUND | GORILLA |
| KENGURU | LØVE |
| HEST | ULV |
| HJORT | BJØRN |
| KANIN | SAU |
| PRÆRIEULV | APE |
| DELFIN | OKSE |
| ELEFANT | REV |
| KATT | SEBRA |

# 92 - Cucina

```
S K R Y D D E R E S Y R F B X O
E S E L V S L S E P M Z M L K P
R K V G K T L Y Ø O V N W O E P
V O I X J Y I K K R U K K E J S
I P N I E P R K J K C C P H M K
E P K F L D G Y U Ø M U G G E R
T E E U B O L L E L T Q N I I
T R Y W N Z T J O D F E O E J F
U C U X J E S I M Z W J S L B T
S P I S E P I N N E R B T K E L
Q T X Y Q J W Y J N E E W R A C
D O U J M H Q C K Y E G L O D P
S U K V A Q V B C W J F K F B H
J W Q H T J K A Q S K Q J E A E
W V S V A M P Y Q V S Y R S N G
T Y F I L T I A B R K C W D A J
```

| | |
|---|---|
| SPISEPINNER | KJØLESKAP |
| KJELE | FORKLE |
| MUGGE | GRILLE |
| MAT | ØSE |
| BOLLE | OPPSKRIFT |
| KNIVER | KRYDDER |
| FRYSER | SVAMP |
| SKJEER | KOPPER |
| GAFLER | SERVIETT |
| OVN | KRUKKE |

# 93 - Giardinaggio

```
K  J  G  B  M  B  B  K  C  A  L  J  M  L  K  F
Y  W  C  L  Z  O  G  L  G  R  Z  O  R  Ø  O  U
S  B  U  O  K  T  W  O  O  T  U  R  A  V  M  K
E  F  O  M  D  A  L  B  V  M  U  D  H  V  P  T
S  U  M  S  T  N  U  H  D  N  S  D  J  E  O  I
O  V  H  T  J  I  E  N  V  U  Q  T  D  R  S  G
N  A  Q  E  V  S  N  F  H  M  F  O  R  K  T  H
G  N  Ø  R  F  K  S  I  T  O  S  K  E  E  Y  E
M  N  P  E  G  A  H  T  K  U  R  F  P  J  S  T
E  J  S  D  I  K  X  D  V  S  D  S  Q  D  L  B
S  R  X  L  L  A  L  G  L  E  K  W  Q  F  A  U
S  S  W  O  E  I  T  I  Y  A  G  I  Q  C  N  K
I  W  D  H  S  A  L  E  M  K  U  A  T  X  G  E
G  X  O  E  I  E  L  E  W  A  A  R  M  T  E  T
P  V  Q  B  P  T  F  Q  C  U  P  L  O  U  X  T
I  M  M  F  S  N  H  J  B  W  B  F  M  T  I  N
```

VANN
BOTANISK
KLIMA
SPISELIG
KOMPOST
BEHOLDER
EKSOTISK
BLOMSTRE
BLOMSTER
BLAD

LØVVERK
FRUKTHAGE
BUKETT
FRØ
ART
SKITT
SESONGMESSIG
JORD
SLANGE
FUKTIGHET

# 94 - Universo

```
W H Y X A L A G W P Y R H E L M
T X B L S B J F Q Z W X O H E K
M N E S T E R K E R Y D R I N X
R G J G R X K E N Å M W I M G H
N I S R O J R A D D R Z S M D A
E L J F N F R L T D M A O E E L
Q N U P O I A E P M E V N L G V
G Y I P M D L M V G O G T S R K
A S T R O N O M I M P S R K A U
N S O F R K S I M S O K F A D L
U R Q U B T S H E I N B B Æ D E
V G M J C V R E V L O S A B R H
C S Q F E A M N L N V E K N D E
V I Y Y V I K A E E X E Y U R N
U T H K N X E B P X T X Q L O G
U K A S T E R O I D E M Ø R K E
```

| | |
|---|---|
| ASTEROIDE | BREDDEGRAD |
| ASTRONOMI | LENGDEGRAD |
| ASTRONOM | MÅNE |
| ATMOSFÆRE | BANE |
| MØRKE | HORISONT |
| HIMMELSK | SOLAR |
| HIMMEL | SOLVERV |
| KOSMISK | TELESKOP |
| HALVKULE | SYNLIG |
| GALAXY | DYREKRETSEN |

# 95 - Jazz

```
I M P R O V I S A S J O N T Z S
L Z R G A M M E L M Q N W A K A
Z R E E A K F V P G B Z L L K G
V B T Q Y O A E I S L M B E H T
B K T A M N X I N L Q P W N K Y
M E I N G S G H I U X V H T M R
K M R N R E T S E K R O J K X R
P T O Ø I R D S D A T S P E T U
Y Y V S M T C G D L Y T B V Y W
A R A O A T Y U V B I I V S K X
S P F R E N T S N U K L Z J K F
O Q P Q U S G O R M K A Y A I D
M J C L K O M P O N I S T N N Y
T M O P A D H L L L S L T G K L
W V M V W U F W S D U F C E E X
G N I N T E S N E M M A S R T K
```

ALBUM
APPLAUS
KUNSTNER
SANG
KOMPONIST
SAMMENSETNING
KONSERT
VEKT
BERØMT
SJANGER

IMPROVISASJON
MUSIKK
NY
ORKESTER
FAVORITTER
RYTME
STIL
TALENT
TEKNIKK
GAMMEL

# 96 - Vacanze #2

```
S F D E S T I N A S J O N A X J
T U L F W N K E Y A F R I T I D
R T J Y T R I J O F V O H R X V
A L K Ø P U E B I L D E R O A I
N E R L B L V I L P W D Q P T S
D N A W R R A D S I O Q O S M U
P D X N E G H S W E W R A N Y M
E I O W S A B J S J G F M A I W
B N G D T L E T N E Y A P R P S
W G K Y A X Q R G F N B N T A H
H L E F U H U A Y X W M B U S O
U I S F R P T K B H Y K I Z S T
I H Y V A Q K O F E R I E V M E
E T K I N L X G G N I P M A C L
V L O H T Q U L Y C X M P D O L
T Y M P O T T B F W Y J A H L O
```

FLYPLASSEN        STRAND
CAMPING           UTLENDING
DESTINASJON       TAXI
BILDER            FRITID
HOTELL            TELT
ØY                TRANSPORT
KART              TOG
HAV               FERIE
PASS              REISE
RESTAURANT        VISUM

# 97 - Attività

```
Y  S  A  K  T  I  V  I  T  E  T  L  A  R  A  D
D  P  T  R  U  O  D  H  T  X  F  G  L  E  D  E
R  I  F  O  T  O  G  R  A  F  E  R  I  N  G  H
G  L  X  X  S  G  U  R  K  M  A  G  I  U  J  A
H  L  D  J  S  S  O  L  X  U  G  C  B  W  N  G
X  Å  F  O  T  T  U  R  E  R  N  M  L  M  Y  E
P  D  N  R  T  N  J  L  L  F  I  S  N  A  D  A
K  H  T  D  N  X  A  L  E  R  N  P  T  E  F  R
B  E  Q  F  V  B  K  E  S  I  P  A  O  D  E  B
X  K  R  K  F  E  T  E  I  T  A  G  X  E  R  E
S  I  M  A  F  U  R  K  N  I  L  C  W  L  D  I
R  X  P  H  M  V  J  K  G  D  S  A  S  A  I  D
A  T  J  G  N  I  P  M  A  C  V  E  K  F  G  S
M  R  R  G  D  I  K  E  S  Q  A  Y  J  P  H  O
H  F  L  L  K  J  I  K  G  F  I  S  K  E  E  A
O  C  A  A  I  N  T  E  R  E  S  S  E  R  T  E
```

| | |
|---|---|
| FERDIGHET | FOTOGRAFERING |
| KUNST | HAGEARBEID |
| HÅNDVERK | SPILL |
| AKTIVITET | INTERESSER |
| JAKT | LESING |
| CAMPING | MAGI |
| KERAMIKK | FISKE |
| SY | GLEDE |
| DANS | AVSLAPNING |
| FOTTURER | FRITID |

# 98 - Diplomazia

```
B R R C I V I C G N I N S Ø L K
O E Å W L H M E D A S S A B M A
R T D D A D R Æ T I N A M U H G
G T G I G T W N O H K Z A V G F
E F I S O B O E R D S S R N H C
R E V K C Z X N E E I I B A Z K
E R E U Q M N V G F T K E M I O
X D R S Y Q T C J D A K I B N N
L I B J Y L K D E M M E D A T F
I G O O B X C K R B O R Y S E L
H H C N W K J K I F L H H S G I
A E Q A H G I I N T P E U A R K
F T A T K A R T G H I T U D I T
Y V E D T A K E S R D L O Ø T Q
O L L O B J L S K F L D O R E O
S A M F U N N E T P X J T P T D
```

AMBASSADE
AMBASSADØR
BORGERE
CIVIC
SAMFUNNET
KONFLIKT
RÅDGIVER
SAMARBEID
DIPLOMATISK
DISKUSJON

ETIKK
RETTFERDIGHET
REGJERING
INTEGRITET
POLITIKK
VEDTAK
SIKKERHET
LØSNING
TRAKTAT
HUMANITÆR

# 99 - Forniture Artistiche

```
K  B  W  M  B  G  J  W  O  B  F  T  E  V  F  Y
P  R  E  T  S  R  Ø  B  L  I  L  N  N  N  A  V
A  E  E  S  V  C  C  C  J  H  O  E  W  E  R  B
P  T  R  A  N  P  N  L  E  V  T  R  K  G  G  O
I  N  I  P  T  M  P  P  N  P  S  W  X  K  E  R
R  A  E  D  I  I  K  U  L  L  A  A  G  H  R  D
E  Y  L  M  S  L  V  K  H  G  P  K  T  G  P  V
O  L  M  R  F  G  N  I  L  A  M  A  A  Z  P  U
F  B  S  E  U  Q  Y  H  T  J  G  M  K  B  B  I
E  E  K  D  A  T  J  M  V  E  U  E  R  T  P  X
A  K  V  A  R  E  L  L  E  R  T  R  Y  W  I  L
A  D  M  S  J  I  C  R  Q  C  R  A  L  G  O  S
B  A  B  G  M  T  D  Z  V  I  S  K  E  L  Æ  R
B  J  R  D  V  A  F  E  Q  R  X  Q  X  B  Y  J
S  T  A  F  F  E  L  I  E  X  N  T  P  W  J  V
C  S  O  T  U  H  U  G  X  R  L  Q  E  W  E  T
```

| | |
|---|---|
| VANN | VISKELÆR |
| AKVARELLER | IDEER |
| AKRYL | BLEKK |
| LEIRE | BLYANTER |
| KULL | OLJE |
| PAPIR | STOL |
| STAFFELI | BØRSTER |
| LIM | BORD |
| FARGER | KAMERA |
| KREATIVITET | MALING |

# 100 - Misurazioni

```
K V J W K T D Q L I W L N G O F
I P T Y A C H K M B O W J B H S
L S R Z N E D G N E L H P U R M
O L A V Z N P X J C I A L W V B
M U L O V T T U N I M T K Q Q T
E C R E T I L V L A H K M Y T G
T K F T D M O A T Z G Q X J O V
E A M Y T E W J Z O L I K O N B
R L Y B F T G J L Q M A R G N V
L A M I S E D M L I H M R L V E
D E P V J R U N S E T Ø E Q U K
Y N T C E E L J T D N E Y H T T
B U U X P T P N L D V S R D H V
D O Q O M E Z E O E F Y Y A E D
E C C G Y M H R A R K H K R M U
S Q S M Q Y O W E B N S L G E D
```

HØYDE
BYTE
CENTIMETER
KILO
KILOMETER
DESIMAL
GRAD
GRAM
BREDDE
LITER

LENGDE
METER
MINUTT
UNSE
VEKT
HALVLITER
TOMME
DYBDE
TONN
VOLUM

## 1 - Salute e Benessere #2

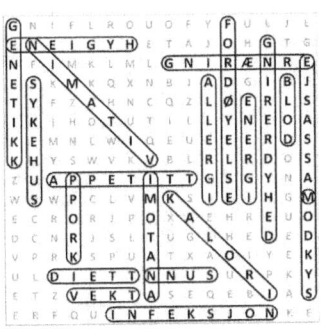

## 2 - Aggettivi #2

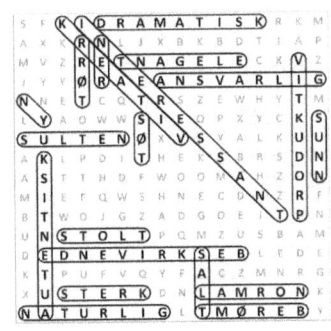

## 3 - Ingegneria

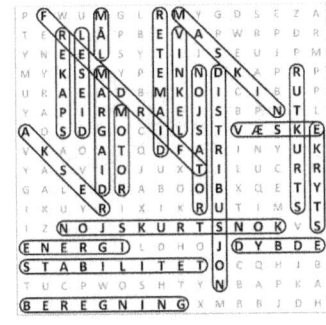

## 4 - Archeologia

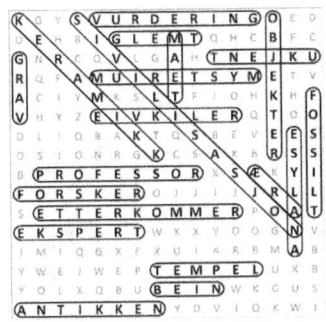

## 5 - Salute e Benessere #1

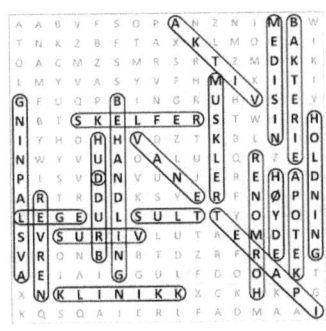

## 6 - Aggettivi #1

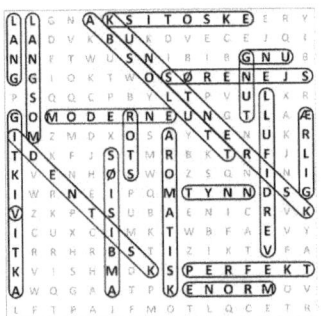

## 7 - Geologia

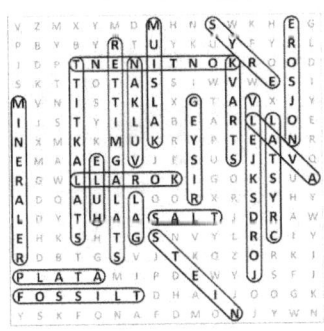

## 8 - Campeggio

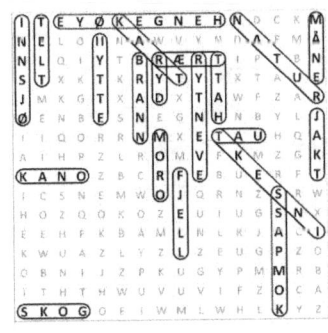

## 9 - Arti Visive

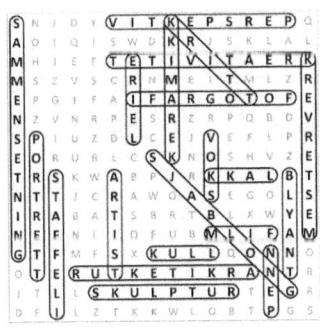

## 10 - Tempo

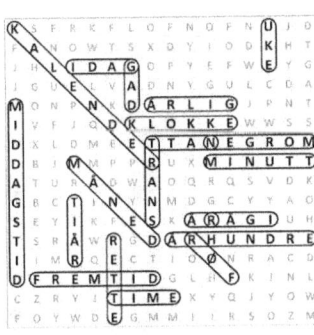

## 11 - Astronomia

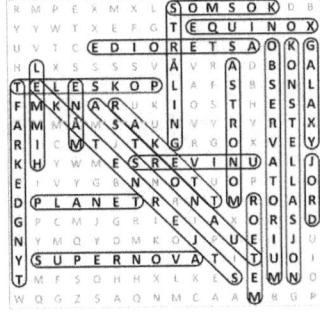

## 12 - Algebra

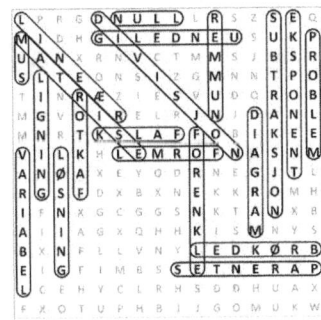

## 13 - Mitologia

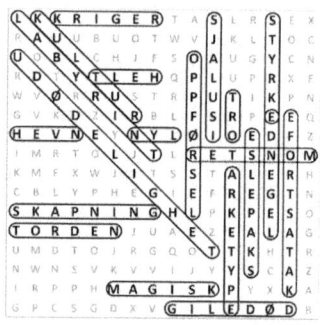

## 14 - Piante

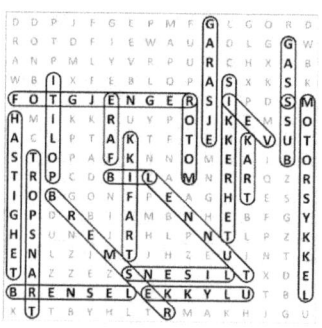

## 15 - Spezie

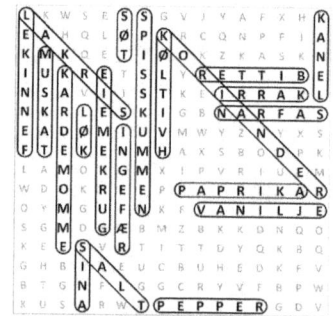

## 16 - Numeri

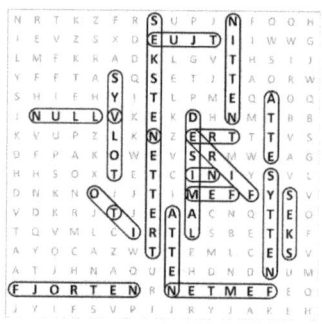

## 17 - Guida

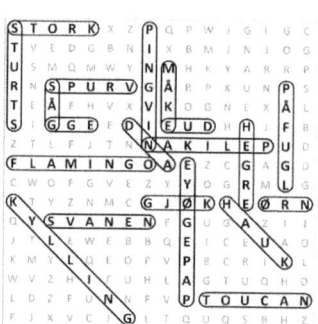

## 18 - I Media

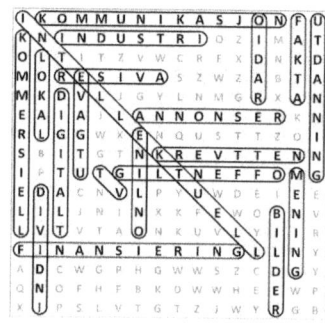

## 19 - Forza e Gravità

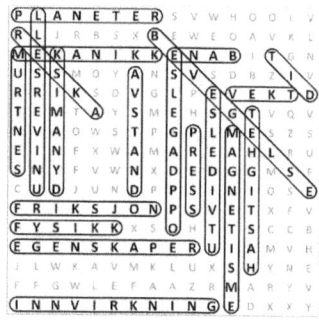

## 20 - Uccelli

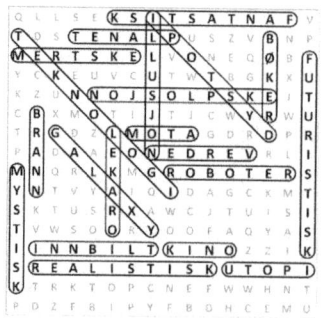

## 21 - Giorni e Mesi

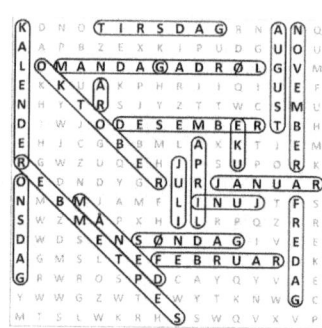

## 22 - Casa

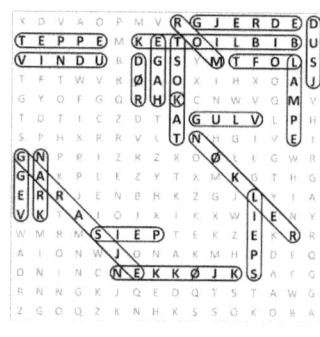

## 23 - Fantascienza

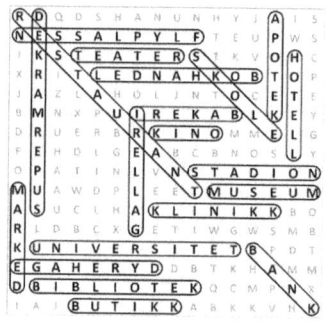

## 24 - Città

## 25 - Fattoria #1

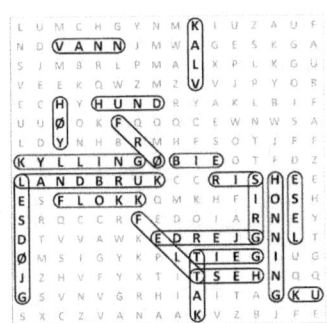

## 26 - Psicologia

## 27 - Paesaggi

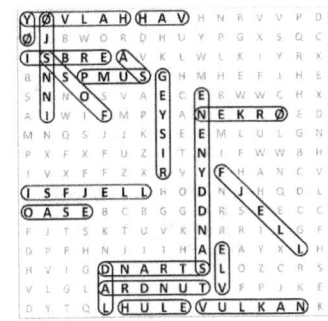

## 28 - Energia

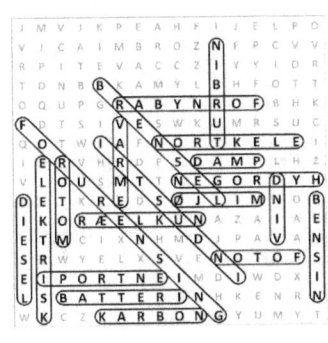

## 29 - Ristorante #2

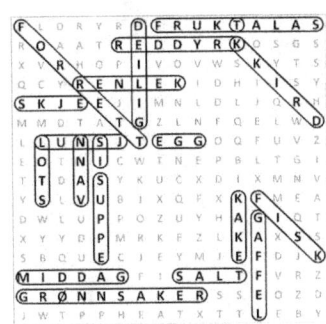

## 30 - Moda

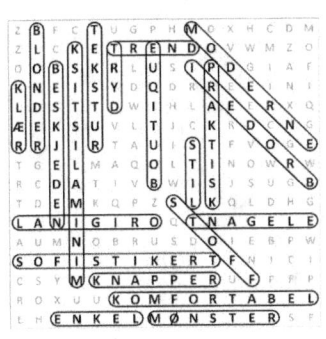

## 31 - L'Azienda

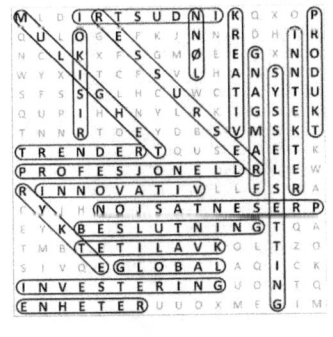

## 32 - Giardino

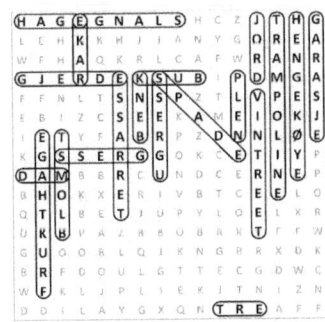

## 33 - Riscaldamento Gl

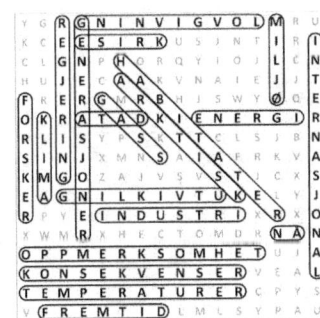

## 34 - Frutta

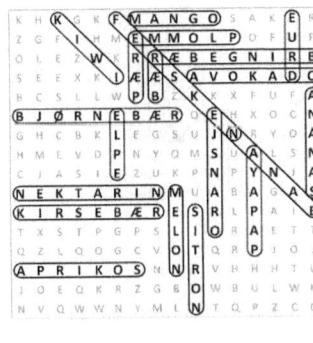

## 35 - Fattoria #2

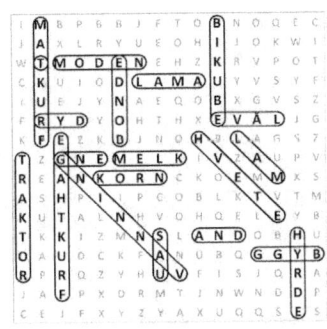

## 36 - Verdure

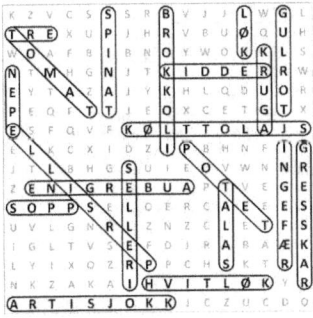

## 37 - Musica

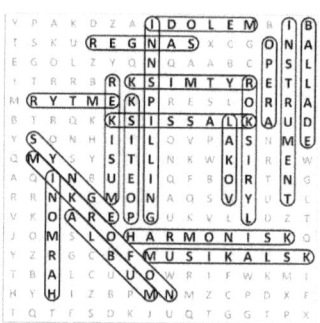

## 38 - Barbecue

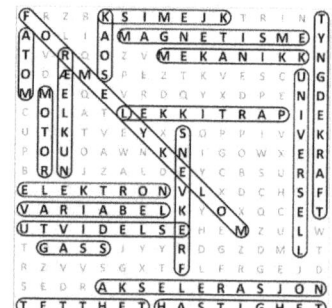

## 39 - Fisica

## 40 - Agronomia

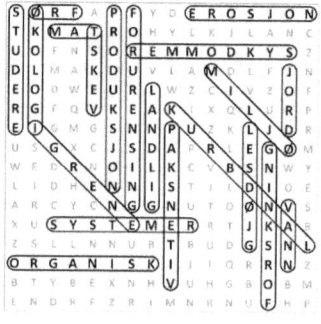

## 41 - Erboristeria

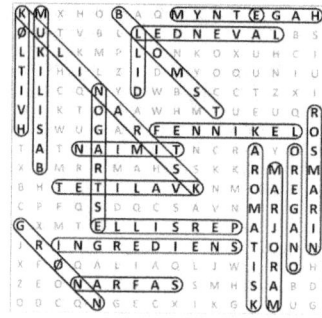

## 42 - Danza

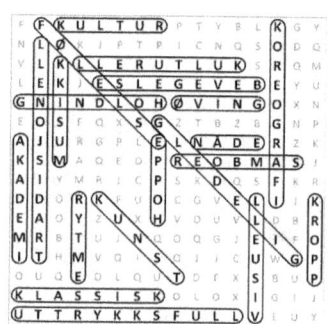

## 43 - Biologia

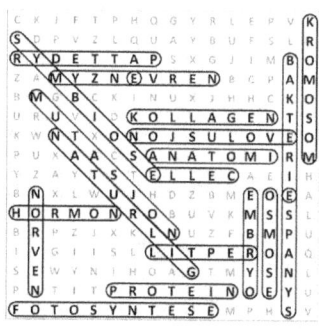

## 44 - Attività Commerciale

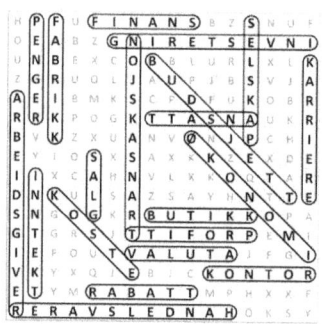

## 45 - Fiori

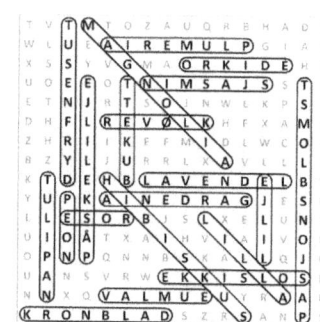

## 46 - Filantropia

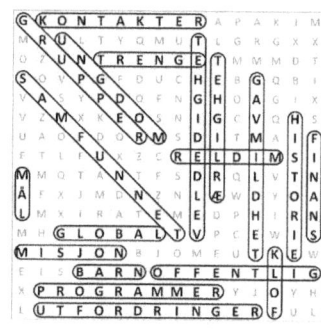

## 47 - Ecologia

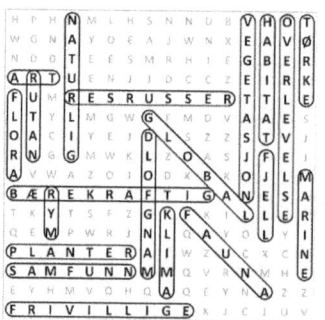

## 48 - Discipline Scientifiche

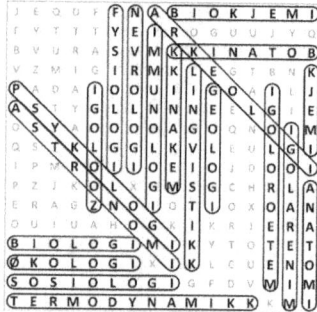

## 49 - Scienza

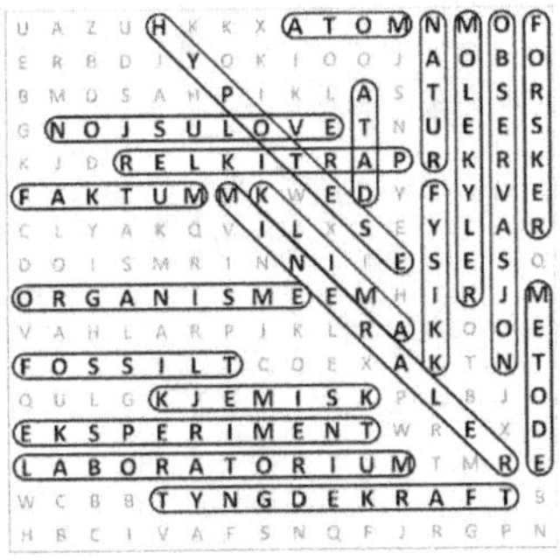

## 50 - Imbarcazioni

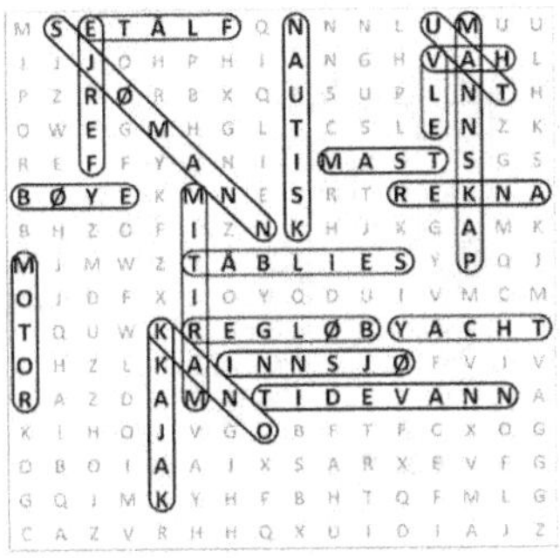

## 51 - Chimica

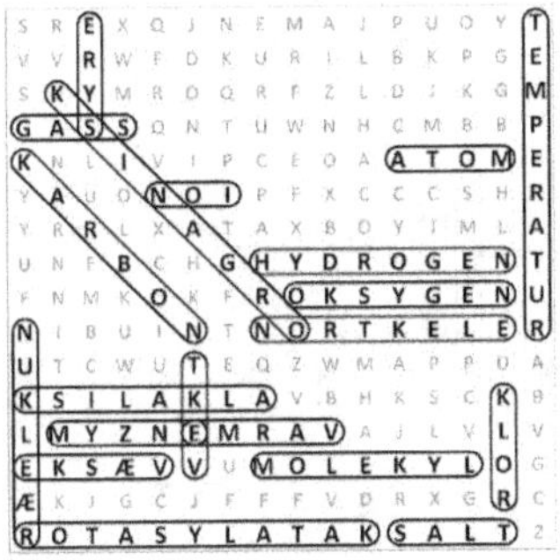

## 52 - Api

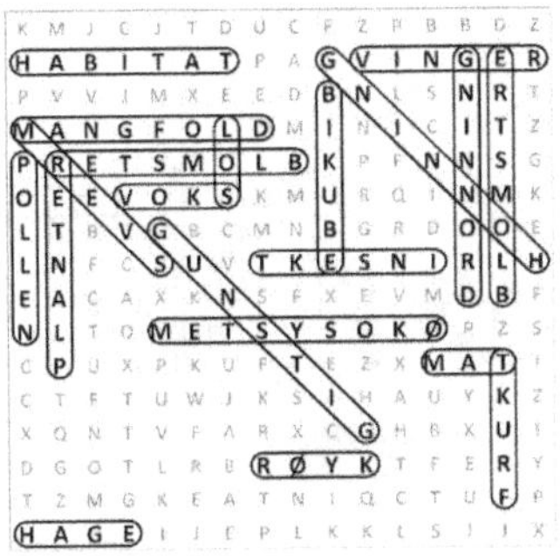

## 53 - Strumenti Musicali

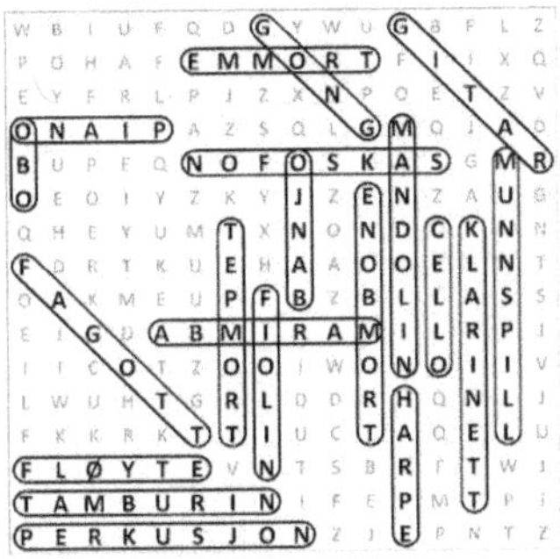

## 54 - Professioni #2

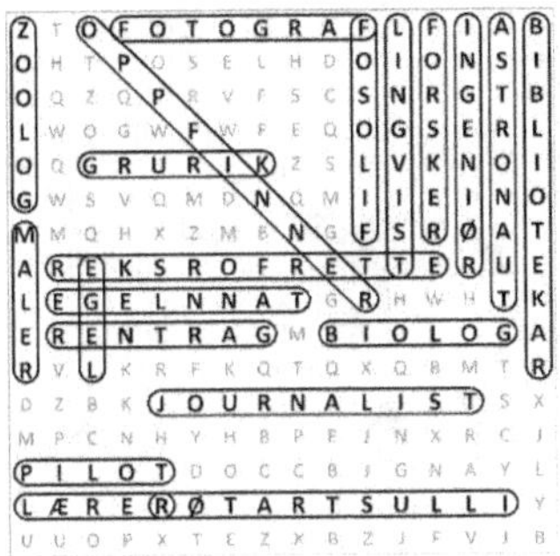

## 55 - Letteratura

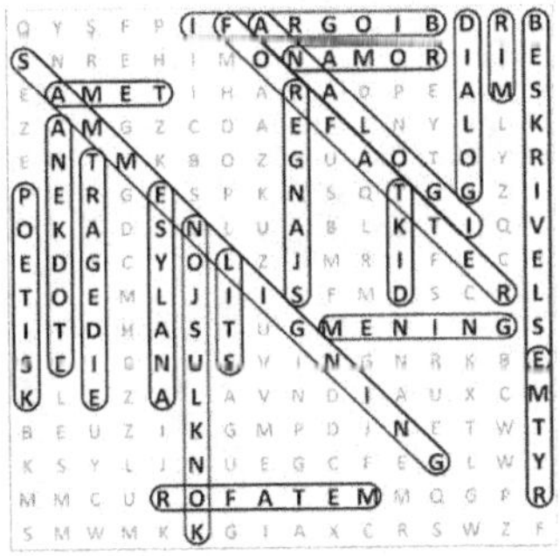

## 56 - Cibo #2

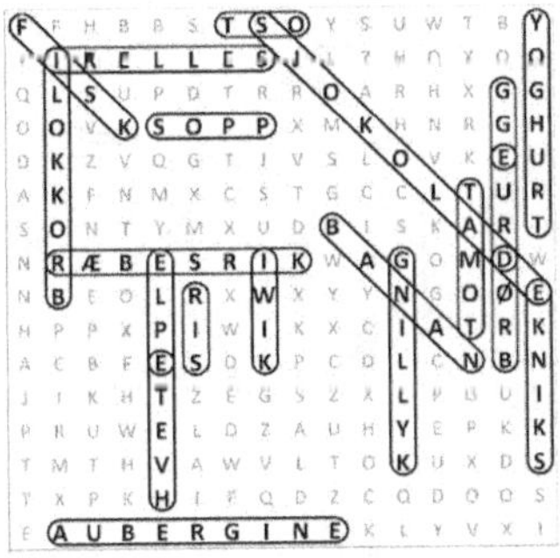

## 57 - Nutrizione

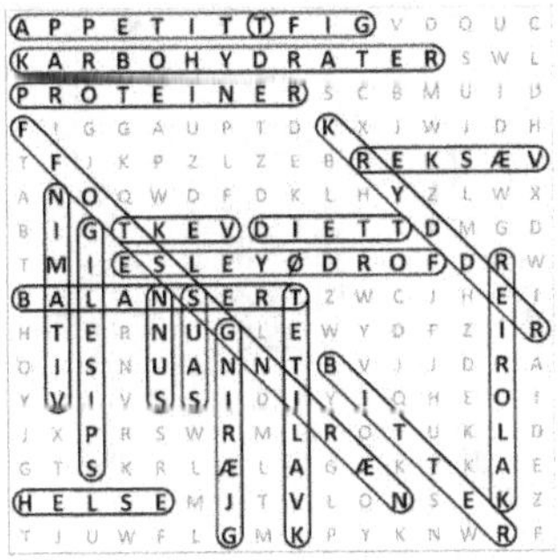

## 58 - Matematica

## 59 - Meditazione

## 60 - Elettricità

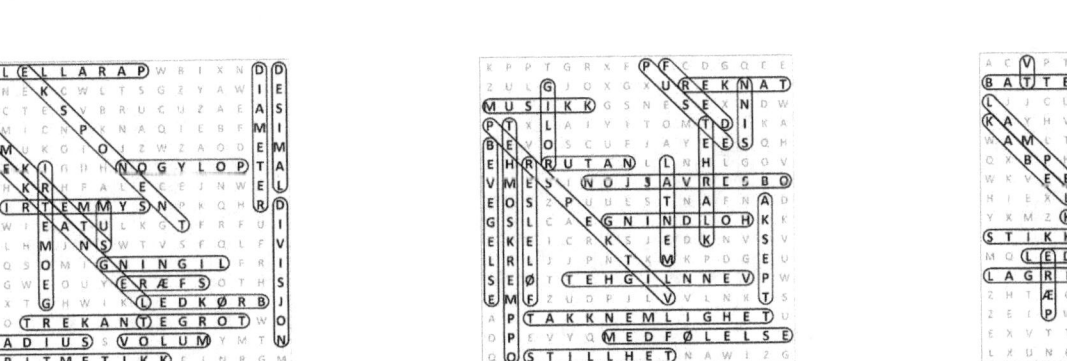

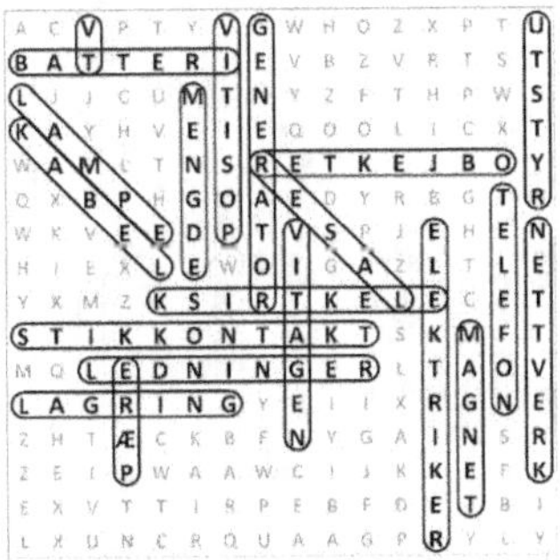

## 61 - Antiquariato

## 62 - Escursionismo

## 63 - Professioni #1

## 64 - Antartide

## 65 - Libri

## 66 - Geografia

## 67 - Cibo #1

## 68 - Aeroplani

## 69 - Governo

## 70 - Bellezza

## 71 - Avventura

## 72 - Forme

## 73 - Oceano

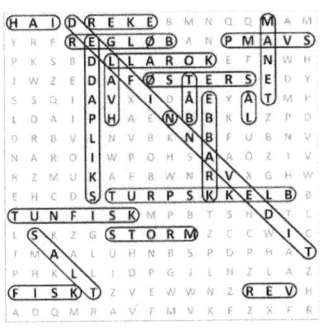

## 74 - Creatività

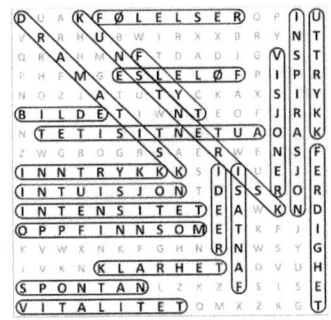

## 75 - Veicoli

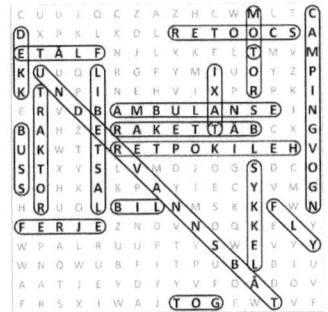

## 76 - Emozioni

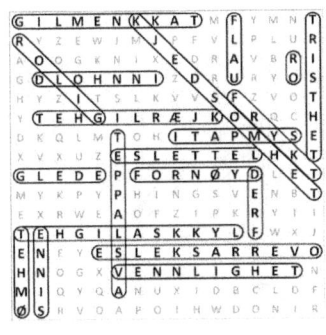

## 77 - Natura

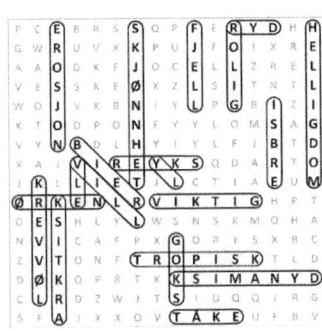

## 78 - Balletto

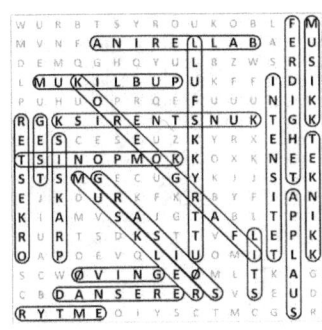

## 79 - Paesi #1

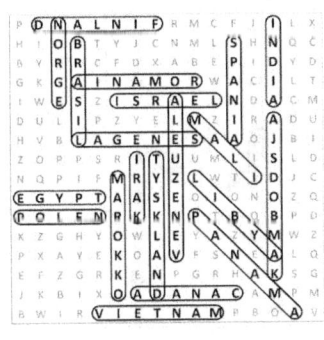

## 80 - Geometria

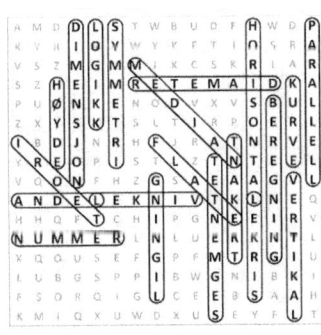

## 81 - Foresta Pluviale

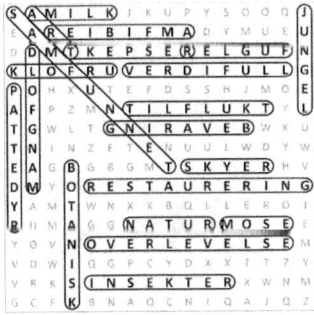

## 82 - Edifici

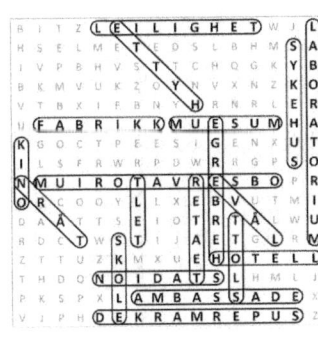

## 83 - Malattia

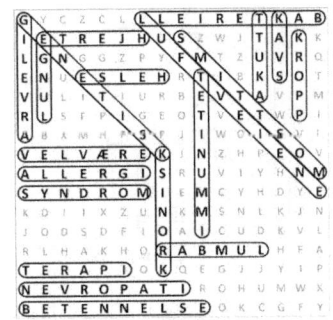

## 84 - Paesi #2

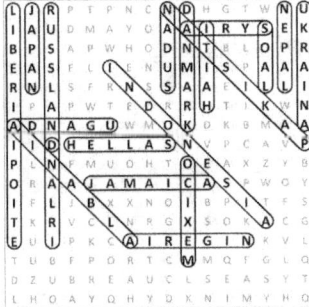

## 85 - Tipi di Capelli

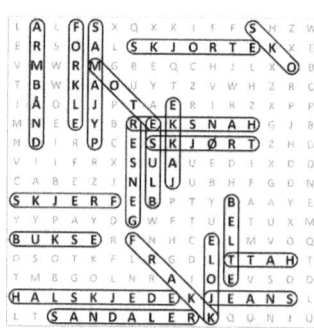

## 86 - Vestiti

## 87 - Attività e Tempo Libero

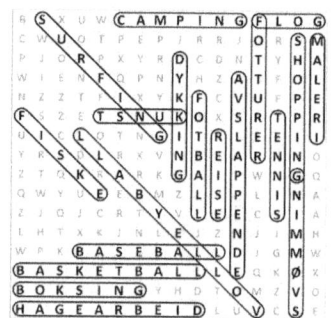

## 88 - Arte

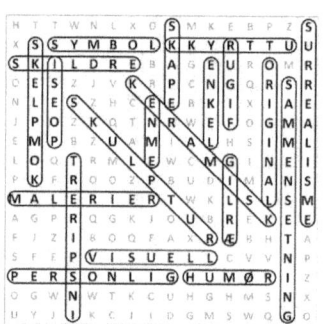

## 89 - Meteo

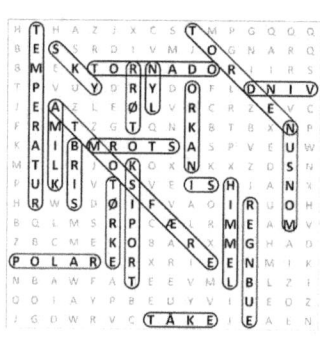

## 90 - Corpo Umano

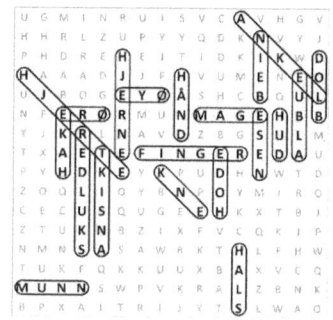

## 91 - Mammiferi

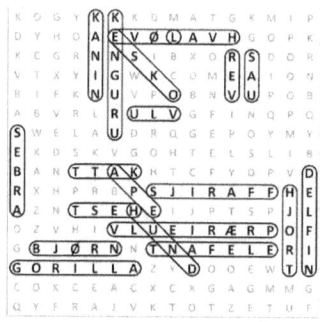

## 92 - Cucina

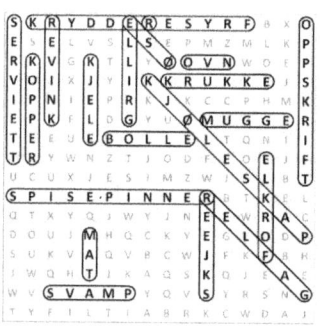

## 93 - Giardinaggio

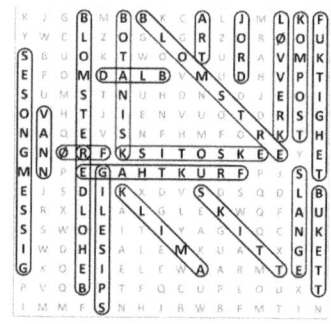

## 94 - Universo

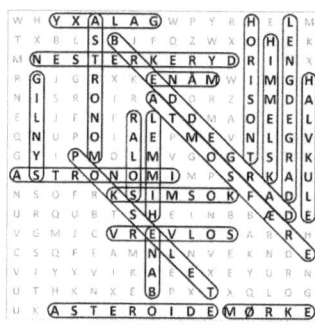

## 95 - Jazz

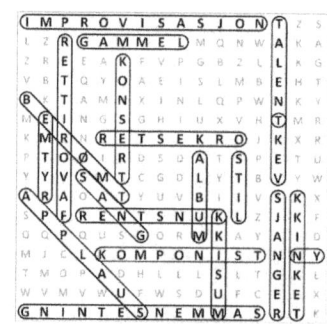

## 96 - Vacanze #2

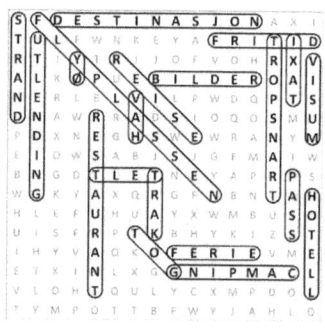

## 97 - Attività

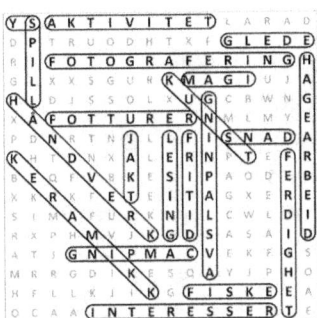

## 98 - Diplomazia

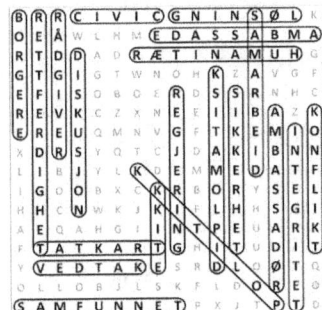

## 99 - Forniture Artistiche

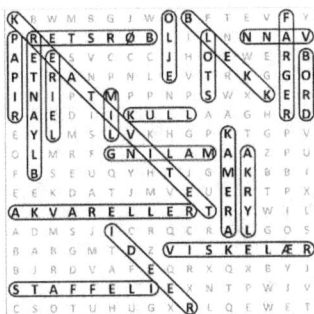

## 100 - Misurazioni

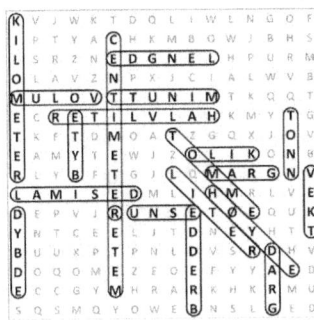

# Dizionario

### Aeroplani
Fly

| | |
|---|---|
| Altezza | Høyde |
| Aria | Luft |
| Atmosfera | Atmosfære |
| Atterraggio | Landing |
| Avventura | Eventyr |
| Carburante | Brensel |
| Cielo | Himmel |
| Costruzione | Konstruksjon |
| Design | Design |
| Direzione | Retning |
| Discesa | Avstamning |
| Equipaggio | Mannskap |
| Idrogeno | Hydrogen |
| Motore | Motor |
| Navigare | Navigere |
| Palloncino | Ballong |
| Passeggero | Passasjer |
| Pilota | Pilot |
| Storia | Historie |
| Turbolenza | Turbulens |

### Aggettivi #1
Adjektiver #1

| | |
|---|---|
| Ambizioso | Ambisiøs |
| Aromatico | Aromatisk |
| Artistico | Kunstnerisk |
| Assoluto | Absolutt |
| Attivo | Aktiv |
| Enorme | Enorm |
| Esotico | Eksotisk |
| Generoso | Sjenerøs |
| Giovane | Ung |
| Grande | Stor |
| Identico | Identisk |
| Importante | Viktig |
| Lento | Langsom |
| Lungo | Lang |
| Moderno | Moderne |
| Onesto | Ærlig |
| Perfetto | Perfekt |
| Pesante | Tung |
| Prezioso | Verdifull |
| Sottile | Tynn |

### Aggettivi #2
Adjektiver #2

| | |
|---|---|
| Affamato | Sulten |
| Asciutto | Tørr |
| Autentico | Autentisk |
| Creativo | Kreativ |
| Descrittivo | Beskrivende |
| Dolce | Søt |
| Drammatico | Dramatisk |
| Elegante | Elegant |
| Famoso | Berømt |
| Forte | Sterk |
| Interessante | Interessant |
| Naturale | Naturlig |
| Normale | Normal |
| Nuovo | Ny |
| Orgoglioso | Stolt |
| Produttivo | Produktiv |
| Puro | Ren |
| Responsabile | Ansvarlig |
| Salato | Salt |
| Sano | Sunn |

### Agronomia
Agronomi

| | |
|---|---|
| Acqua | Vann |
| Agricoltura | Landbruk |
| Ambiente | Miljø |
| Cibo | Mat |
| Crescita | Vekst |
| Ecologia | Økologi |
| Energia | Energi |
| Erosione | Erosjon |
| Fertilizzante | Gjødsel |
| Inquinamento | Forurensing |
| Malattie | Sykdommer |
| Organico | Organisk |
| Produzione | Produksjon |
| Ricerca | Forskning |
| Rurale | Landlig |
| Scienza | Vitenskap |
| Semi | Frø |
| Sistemi | Systemer |
| Studio | Studere |
| Suolo | Jord |

### Algebra
Algebra

| | |
|---|---|
| Diagramma | Diagram |
| Divisione | Divisjon |
| Equazione | Ligning |
| Esponente | Eksponent |
| Falso | Falsk |
| Fattore | Faktor |
| Formula | Formel |
| Frazione | Brøkdel |
| Infinito | Uendelig |
| Lineare | Lineær |
| Matrice | Matrise |
| Numero | Nummer |
| Parentesi | Parentes |
| Problema | Problem |
| Semplificare | Forenkle |
| Soluzione | Løsning |
| Somma | Sum |
| Sottrazione | Subtraksjon |
| Variabile | Variabel |
| Zero | Null |

### Antartide
Antarktis

| | |
|---|---|
| Acqua | Vann |
| Ambiente | Miljø |
| Baia | Bukt |
| Balene | Hval |
| Conservazione | Bevaring |
| Continente | Kontinent |
| Geografia | Geografi |
| Ghiacciai | Isbreer |
| Ghiaccio | Is |
| Isole | Øyer |
| Migrazione | Migrasjon |
| Minerali | Mineraler |
| Nuvole | Skyer |
| Penisola | Halvøy |
| Ricercatore | Forsker |
| Roccioso | Steinete |
| Scientifico | Vitenskapelig |
| Spedizione | Ekspedisjon |
| Temperatura | Temperatur |
| Topografia | Topografi |

## Antiquariato
### Antikviteter

| | |
|---|---|
| **Arte** | Kunst |
| **Asta** | Auksjon |
| **Autentico** | Autentisk |
| **Collezionista** | Samler |
| **Condizione** | Tilstand |
| **Decorativo** | Dekorativ |
| **Elegante** | Elegant |
| **Galleria** | Galleri |
| **Insolito** | Uvanlig |
| **Investimento** | Investering |
| **Mobilio** | Møbler |
| **Monete** | Mynter |
| **Prezzo** | Pris |
| **Qualità** | Kvalitet |
| **Restauro** | Restaurering |
| **Scultura** | Skulptur |
| **Secolo** | Århundre |
| **Stile** | Stil |
| **Valore** | Verdi |
| **Vecchio** | Gammel |

## Api
### Bier

| | |
|---|---|
| **Ali** | Vinger |
| **Alveare** | Bikube |
| **Benefico** | Gunstig |
| **Cera** | Voks |
| **Cibo** | Mat |
| **Diversità** | Mangfold |
| **Ecosistema** | Økosystem |
| **Fiori** | Blomster |
| **Fiorire** | Blomstre |
| **Frutta** | Frukt |
| **Fumo** | Røyk |
| **Giardino** | Hage |
| **Habitat** | Habitat |
| **Insetto** | Insekt |
| **Miele** | Honning |
| **Piante** | Planter |
| **Polline** | Pollen |
| **Regina** | Dronning |
| **Sciame** | Sverm |
| **Sole** | Sol |

## Archeologia
### Arkeologi

| | |
|---|---|
| **Analisi** | Analyse |
| **Antichità** | Antikken |
| **Ceramica** | Keramikk |
| **Civiltà** | Sivilisasjon |
| **Dimenticato** | Glemt |
| **Discendente** | Etterkommer |
| **Era** | Æra |
| **Esperto** | Ekspert |
| **Fossile** | Fossilt |
| **Mistero** | Mysterium |
| **Oggetti** | Objekter |
| **Ossa** | Bein |
| **Professore** | Professor |
| **Reliquia** | Relikvie |
| **Ricercatore** | Forsker |
| **Sconosciuto** | Ukjent |
| **Squadra** | Team |
| **Tempio** | Tempel |
| **Tomba** | Grav |
| **Valutazione** | Vurdering |

## Arte
### Kunst

| | |
|---|---|
| **Ceramica** | Keramisk |
| **Complesso** | Kompleks |
| **Composizione** | Sammensetning |
| **Creare** | Skape |
| **Dipinti** | Malerier |
| **Espressione** | Uttrykk |
| **Figura** | Figur |
| **Ispirato** | Inspirert |
| **Onesto** | Ærlig |
| **Originale** | Original |
| **Personale** | Personlig |
| **Poesia** | Poesi |
| **Ritrarre** | Skildre |
| **Scultura** | Skulptur |
| **Semplice** | Enkel |
| **Simbolo** | Symbol |
| **Soggetto** | Emne |
| **Surrealismo** | Surrealisme |
| **Umore** | Humør |
| **Visivo** | Visuell |

## Arti Visive
### Bildende Kunst

| | |
|---|---|
| **Architettura** | Arkitektur |
| **Argilla** | Leire |
| **Artista** | Artist |
| **Capolavoro** | Mesterverk |
| **Carbone** | Kull |
| **Cavalletto** | Staffeli |
| **Cera** | Voks |
| **Ceramica** | Keramikk |
| **Composizione** | Sammensetning |
| **Creatività** | Kreativitet |
| **Film** | Film |
| **Fotografia** | Fotografi |
| **Gesso** | Kritt |
| **Matita** | Blyant |
| **Penna** | Penn |
| **Prospettiva** | Perspektiv |
| **Ritratto** | Portrett |
| **Scultura** | Skulptur |
| **Stampino** | Sjablong |
| **Vernice** | Lakk |

## Astronomia
### Astronomi

| | |
|---|---|
| **Asteroide** | Asteroide |
| **Astronauta** | Astronaut |
| **Astronomo** | Astronom |
| **Cielo** | Himmel |
| **Cosmo** | Kosmos |
| **Costellazione** | Konstellasjon |
| **Equinozio** | Equinox |
| **Galassia** | Galaxy |
| **Gravità** | Tyngdekraft |
| **Luna** | Måne |
| **Meteora** | Meteor |
| **Nebulosa** | Stjernetåke |
| **Osservatorio** | Observatorium |
| **Pianeta** | Planet |
| **Radiazione** | Stråling |
| **Razzo** | Rakett |
| **Supernova** | Supernova |
| **Telescopio** | Teleskop |
| **Terra** | Jord |
| **Universo** | Univers |

## Attività
### Aktiviteter

| | |
|---|---|
| **Abilità** | Ferdighet |
| **Arte** | Kunst |
| **Artigianato** | Håndverk |
| **Attività** | Aktivitet |
| **Caccia** | Jakt |
| **Campeggio** | Camping |
| **Ceramica** | Keramikk |
| **Cucire** | Sy |
| **Danza** | Dans |
| **Escursioni** | Fotturer |
| **Fotografia** | Fotografering |
| **Giardinaggio** | Hagearbeid |
| **Giochi** | Spill |
| **Interessi** | Interesser |
| **Lettura** | Lesing |
| **Magia** | Magi |
| **Pesca** | Fiske |
| **Piacere** | Glede |
| **Rilassamento** | Avslapning |
| **Tempo Libero** | Fritid |

## Attività Commerciale
### Forretninger

| | |
|---|---|
| **Bilancio** | Budsjett |
| **Carriera** | Karriere |
| **Costo** | Koste |
| **Datore di Lavoro** | Arbeidsgiver |
| **Dipendente** | Ansatt |
| **Economia** | Økonomi |
| **Fabbrica** | Fabrikk |
| **Finanza** | Finans |
| **Investimento** | Investering |
| **Merce** | Handelsvarer |
| **Negozio** | Butikk |
| **Profitto** | Profitt |
| **Reddito** | Inntekt |
| **Sconto** | Rabatt |
| **Società** | Selskap |
| **Soldi** | Penger |
| **Transazione** | Transaksjon |
| **Ufficio** | Kontor |
| **Valuta** | Valuta |
| **Vendita** | Salg |

## Attività e Tempo Libero
### Aktiviteter og Fritid

| | |
|---|---|
| **Arte** | Kunst |
| **Baseball** | Baseball |
| **Basket** | Basketball |
| **Boxe** | Boksing |
| **Calcio** | Fotball |
| **Campeggio** | Camping |
| **Escursioni** | Fotturer |
| **Giardinaggio** | Hagearbeid |
| **Golf** | Golf |
| **Immersione** | Dykking |
| **Nuoto** | Svømming |
| **Pallavolo** | Volleyball |
| **Pesca** | Fiske |
| **Pittura** | Maleri |
| **Rilassante** | Avslappende |
| **Shopping** | Shopping |
| **Surf** | Surfing |
| **Tennis** | Tennis |
| **Viaggio** | Reise |

## Avventura
### Eventyr

| | |
|---|---|
| **Amici** | Venner |
| **Attività** | Aktivitet |
| **Bellezza** | Skjønnhet |
| **Caso** | Sjanse |
| **Destinazione** | Destinasjon |
| **Difficoltà** | Vanskelighet |
| **Entusiasmo** | Entusiasme |
| **Escursione** | Utflukt |
| **Gioia** | Glede |
| **Insolito** | Uvanlig |
| **Itinerario** | Reiserute |
| **Natura** | Natur |
| **Navigazione** | Navigasjon |
| **Nuovo** | Ny |
| **Opportunità** | Mulighet |
| **Pericoloso** | Farlig |
| **Preparazione** | Forberedelse |
| **Sfide** | Utfordringer |
| **Sicurezza** | Sikkerhet |
| **Viaggi** | Reiser |

## Balletto
### Ballett

| | |
|---|---|
| **Abilità** | Ferdighet |
| **Applauso** | Applaus |
| **Artistico** | Kunstnerisk |
| **Ballerina** | Ballerina |
| **Ballerini** | Dansere |
| **Compositore** | Komponist |
| **Coreografia** | Koreografi |
| **Espressivo** | Uttrykksfull |
| **Gesto** | Gest |
| **Grazioso** | Grasiøs |
| **Intensità** | Intensitet |
| **Muscoli** | Muskler |
| **Musica** | Musikk |
| **Orchestra** | Orkester |
| **Pratica** | Praksis |
| **Prova** | Øving |
| **Pubblico** | Publikum |
| **Ritmo** | Rytme |
| **Stile** | Stil |
| **Tecnica** | Teknikk |

## Barbecue
### Grilling

| | |
|---|---|
| **Caldo** | Varmt |
| **Cena** | Middag |
| **Cibo** | Mat |
| **Cipolle** | Løk |
| **Coltelli** | Kniver |
| **Estate** | Sommer |
| **Fame** | Sult |
| **Famiglia** | Familie |
| **Frutta** | Frukt |
| **Giochi** | Spill |
| **Griglia** | Grille |
| **Insalate** | Salater |
| **Invito** | Invitasjon |
| **Musica** | Musikk |
| **Pepe** | Pepper |
| **Pollo** | Kylling |
| **Pomodori** | Tomater |
| **Pranzo** | Lunsj |
| **Sale** | Salt |
| **Salsa** | Saus |

## Bellezza
### Skjønnhet

| | |
|---|---|
| **Colore** | Farge |
| **Cosmetici** | Kosmetikk |
| **Elegante** | Elegant |
| **Eleganza** | Eleganse |
| **Fascino** | Sjarm |
| **Forbici** | Saks |
| **Fotogenico** | Fotogen |
| **Fragranza** | Duft |
| **Grazia** | Nåde |
| **Liscio** | Glatt |
| **Mascara** | Mascara |
| **Oli** | Oljer |
| **Pelle** | Hud |
| **Prodotti** | Produkter |
| **Riccioli** | Krøller |
| **Rossetto** | Leppestift |
| **Servizi** | Tjenester |
| **Shampoo** | Sjampo |
| **Specchio** | Speil |
| **Stilista** | Stylist |

## Biologia
### Biologi

| | |
|---|---|
| **Anatomia** | Anatomi |
| **Batteri** | Bakterie |
| **Cellula** | Celle |
| **Collagene** | Kollagen |
| **Cromosoma** | Kromosom |
| **Embrione** | Embryo |
| **Enzima** | Enzym |
| **Evoluzione** | Evolusjon |
| **Fotosintesi** | Fotosyntese |
| **Mammifero** | Pattedyr |
| **Mutazione** | Mutasjon |
| **Naturale** | Naturlig |
| **Nervo** | Nerve |
| **Neurone** | Nevron |
| **Ormone** | Hormon |
| **Osmosi** | Osmose |
| **Proteina** | Protein |
| **Rettile** | Reptil |
| **Simbiosi** | Symbiose |
| **Sinapsi** | Synapse |

## Campeggio
### Camping

| | |
|---|---|
| **Alberi** | Trær |
| **Amaca** | Hengekøye |
| **Animali** | Dyr |
| **Avventura** | Eventyr |
| **Bussola** | Kompass |
| **Cabina** | Hytte |
| **Caccia** | Jakt |
| **Canoa** | Kano |
| **Cappello** | Hatt |
| **Corda** | Tau |
| **Divertimento** | Moro |
| **Foresta** | Skog |
| **Fuoco** | Brann |
| **Insetto** | Insekt |
| **Lago** | Innsjø |
| **Luna** | Måne |
| **Mappa** | Kart |
| **Montagna** | Fjell |
| **Natura** | Natur |
| **Tenda** | Telt |

## Casa
### Hus

| | |
|---|---|
| **Attico** | Loft |
| **Biblioteca** | Bibliotek |
| **Camera** | Rom |
| **Camino** | Peis |
| **Chiavi** | Nøkler |
| **Cucina** | Kjøkken |
| **Doccia** | Dusj |
| **Finestra** | Vindu |
| **Garage** | Garasje |
| **Giardino** | Hage |
| **Lampada** | Lampe |
| **Parete** | Vegg |
| **Pavimento** | Gulv |
| **Porta** | Dør |
| **Recinto** | Gjerde |
| **Rubinetto** | Kran |
| **Scopa** | Kost |
| **Specchio** | Speil |
| **Tappeto** | Teppe |
| **Tetto** | Tak |

## Chimica
### Kjemi

| | |
|---|---|
| **Acido** | Syre |
| **Alcalino** | Alkalisk |
| **Atomico** | Atom |
| **Calore** | Varme |
| **Carbonio** | Karbon |
| **Catalizzatore** | Katalysator |
| **Cloro** | Klor |
| **Elettrone** | Elektron |
| **Enzima** | Enzym |
| **Gas** | Gass |
| **Idrogeno** | Hydrogen |
| **Ione** | Ion |
| **Liquido** | Væske |
| **Molecola** | Molekyl |
| **Nucleare** | Nukleær |
| **Organico** | Organisk |
| **Ossigeno** | Oksygen |
| **Peso** | Vekt |
| **Sale** | Salt |
| **Temperatura** | Temperatur |

## Cibo #1
### Mat #1

| | |
|---|---|
| **Aglio** | Hvitløk |
| **Basilico** | Basilikum |
| **Cannella** | Kanel |
| **Carne** | Kjøtt |
| **Carota** | Gulrot |
| **Cipolla** | Løk |
| **Fragola** | Jordbær |
| **Insalata** | Salat |
| **Latte** | Melk |
| **Limone** | Sitron |
| **Menta** | Mynte |
| **Orzo** | Bygg |
| **Pera** | Pære |
| **Rapa** | Nepe |
| **Sale** | Salt |
| **Spinaci** | Spinat |
| **Succo** | Juice |
| **Tonno** | Tunfisk |
| **Torta** | Kake |
| **Zucchero** | Sukker |

## Cibo #2
### Mat #2

| | |
|---|---|
| **Banana** | Banan |
| **Broccolo** | Brokkoli |
| **Ciliegia** | Kirsebær |
| **Cioccolato** | Sjokolade |
| **Formaggio** | Ost |
| **Fungo** | Sopp |
| **Grano** | Hvete |
| **Kiwi** | Kiwi |
| **Mela** | Eple |
| **Melanzana** | Aubergine |
| **Pane** | Brød |
| **Pesce** | Fisk |
| **Pollo** | Kylling |
| **Pomodoro** | Tomat |
| **Prosciutto** | Skinke |
| **Riso** | Ris |
| **Sedano** | Selleri |
| **Uovo** | Egg |
| **Uva** | Drue |
| **Yogurt** | Yoghurt |

## Città
### Byen

| | |
|---|---|
| **Aeroporto** | Flyplassen |
| **Banca** | Bank |
| **Biblioteca** | Bibliotek |
| **Cinema** | Kino |
| **Clinica** | Klinikk |
| **Farmacia** | Apotek |
| **Galleria** | Galleri |
| **Hotel** | Hotell |
| **Libreria** | Bokhandel |
| **Mercato** | Marked |
| **Museo** | Museum |
| **Negozio** | Butikk |
| **Panetteria** | Bakeri |
| **Ristorante** | Restaurant |
| **Scuola** | Skole |
| **Stadio** | Stadion |
| **Supermercato** | Supermarked |
| **Teatro** | Teater |
| **Università** | Universitet |
| **Zoo** | Dyrehage |

## Corpo Umano
### Menneskekroppen

| | |
|---|---|
| **Bocca** | Munn |
| **Caviglia** | Ankel |
| **Cervello** | Hjerne |
| **Collo** | Hals |
| **Cuore** | Hjerte |
| **Dito** | Finger |
| **Faccia** | Ansikt |
| **Gamba** | Bein |
| **Ginocchio** | Kne |
| **Gomito** | Albue |
| **Mano** | Hånd |
| **Mento** | Hake |
| **Naso** | Nese |
| **Occhio** | Øye |
| **Orecchio** | Øre |
| **Pelle** | Hud |
| **Sangue** | Blod |
| **Spalla** | Skulder |
| **Stomaco** | Mage |
| **Testa** | Hode |

## Creatività
### Kreativitet

| | |
|---|---|
| **Abilità** | Ferdighet |
| **Artistico** | Kunstnerisk |
| **Autenticità** | Autentisitet |
| **Chiarezza** | Klarhet |
| **Drammatico** | Dramatisk |
| **Emozioni** | Følelser |
| **Espressione** | Uttrykk |
| **Fluidità** | Flyt |
| **Idee** | Ideer |
| **Immaginazione** | Fantasi |
| **Immagine** | Bilde |
| **Impressione** | Inntrykk |
| **Intensità** | Intensitet |
| **Intuizione** | Intuisjon |
| **Inventivo** | Oppfinnsom |
| **Ispirazione** | Inspirasjon |
| **Sensazione** | Følelse |
| **Spontaneo** | Spontan |
| **Visioni** | Visjoner |
| **Vitalità** | Vitalitet |

## Cucina
### Kjøkken

| | |
|---|---|
| **Bacchette** | Spisepinner |
| **Bollitore** | Kjele |
| **Brocca** | Mugge |
| **Cibo** | Mat |
| **Ciotola** | Bolle |
| **Coltelli** | Kniver |
| **Congelatore** | Fryser |
| **Cucchiai** | Skjeer |
| **Forchette** | Gafler |
| **Forno** | Ovn |
| **Frigorifero** | Kjøleskap |
| **Grembiule** | Forkle |
| **Griglia** | Grille |
| **Mestolo** | Øse |
| **Ricetta** | Oppskrift |
| **Spezie** | Krydder |
| **Spugna** | Svamp |
| **Tazze** | Kopper |
| **Tovagliolo** | Serviett |
| **Vaso** | Krukke |

## Danza
### Danse

| | |
|---|---|
| **Accademia** | Akademi |
| **Arte** | Kunst |
| **Classico** | Klassisk |
| **Compagno** | Samboer |
| **Coreografia** | Koreografi |
| **Corpo** | Kropp |
| **Cultura** | Kultur |
| **Culturale** | Kulturell |
| **Emozione** | Følelse |
| **Espressivo** | Uttrykksfull |
| **Gioioso** | Gledelig |
| **Grazia** | Nåde |
| **Movimento** | Bevegelse |
| **Musica** | Musikk |
| **Postura** | Holdning |
| **Prova** | Øving |
| **Ritmo** | Rytme |
| **Salto** | Hoppe |
| **Tradizionale** | Tradisjonell |
| **Visivo** | Visuell |

## Diplomazia
### Diplomati

| | |
|---|---|
| **Ambasciata** | Ambassade |
| **Ambasciatore** | Ambassadør |
| **Cittadini** | Borgere |
| **Civico** | Civic |
| **Comunità** | Samfunnet |
| **Conflitto** | Konflikt |
| **Consigliere** | Rådgiver |
| **Cooperazione** | Samarbeid |
| **Diplomatico** | Diplomatisk |
| **Discussione** | Diskusjon |
| **Etica** | Etikk |
| **Giustizia** | Rettferdighet |
| **Governo** | Regjering |
| **Integrità** | Integritet |
| **Politica** | Politikk |
| **Risoluzione** | Vedtak |
| **Sicurezza** | Sikkerhet |
| **Soluzione** | Løsning |
| **Trattato** | Traktat |
| **Umanitario** | Humanitær |

## Discipline Scientifiche
### Vitenskapelige Disipliner

| | |
|---|---|
| **Anatomia** | Anatomi |
| **Archeologia** | Arkeologi |
| **Astronomia** | Astronomi |
| **Biochimica** | Biokjemi |
| **Biologia** | Biologi |
| **Botanica** | Botanikk |
| **Chimica** | Kjemi |
| **Ecologia** | Økologi |
| **Fisiologia** | Fysiologi |
| **Geologia** | Geologi |
| **Immunologia** | Immunologi |
| **Linguistica** | Lingvistikk |
| **Meccanica** | Mekanikk |
| **Meteorologia** | Meteorologi |
| **Mineralogia** | Mineralogi |
| **Neurologia** | Nevrologi |
| **Psicologia** | Psykologi |
| **Sociologia** | Sosiologi |
| **Termodinamica** | Termodynamikk |
| **Zoologia** | Zoologi |

## Ecologia
### Økologi

| | |
|---|---|
| **Clima** | Klima |
| **Comunità** | Samfunn |
| **Diversità** | Mangfold |
| **Fauna** | Fauna |
| **Flora** | Flora |
| **Globale** | Global |
| **Habitat** | Habitat |
| **Marino** | Marine |
| **Montagne** | Fjell |
| **Natura** | Natur |
| **Naturale** | Naturlig |
| **Palude** | Myr |
| **Piante** | Planter |
| **Risorse** | Ressurser |
| **Siccità** | Tørke |
| **Sopravvivenza** | Overlevelse |
| **Sostenibile** | Bærekraftig |
| **Specie** | Art |
| **Vegetazione** | Vegetasjon |
| **Volontari** | Frivillige |

## Edifici
### Bygningsmasse

| | |
|---|---|
| **Ambasciata** | Ambassade |
| **Appartamento** | Leilighet |
| **Cabina** | Hytte |
| **Castello** | Slott |
| **Cinema** | Kino |
| **Fabbrica** | Fabrikk |
| **Fienile** | Låve |
| **Hotel** | Hotell |
| **Laboratorio** | Laboratorium |
| **Museo** | Museum |
| **Ospedale** | Sykehus |
| **Osservatorio** | Observatorium |
| **Ostello** | Herberge |
| **Scuola** | Skole |
| **Stadio** | Stadion |
| **Supermercato** | Supermarked |
| **Teatro** | Teater |
| **Tenda** | Telt |
| **Torre** | Tårn |
| **Università** | Universitet |

## Elettricità
### Elektrisitet

| | |
|---|---|
| **Attrezzatura** | Utstyr |
| **Batteria** | Batteri |
| **Cavo** | Kabel |
| **Conservazione** | Lagring |
| **Elettricista** | Elektriker |
| **Elettrico** | Elektrisk |
| **Fili** | Ledninger |
| **Generatore** | Generator |
| **Lampada** | Lampe |
| **Lampadina** | Pære |
| **Laser** | Laser |
| **Magnete** | Magnet |
| **Negativo** | Negativ |
| **Oggetti** | Objekter |
| **Positivo** | Positiv |
| **Presa** | Stikkontakt |
| **Quantità** | Mengde |
| **Rete** | Nettverk |
| **Telefono** | Telefon |
| **Televisione** | Tv |

## Emozioni
### Følelser

| | |
|---|---|
| **Amore** | Kjærlighet |
| **Beatitudine** | Lykksalighet |
| **Calma** | Rolig |
| **Contenuto** | Innhold |
| **Gentilezza** | Vennlighet |
| **Gioia** | Glede |
| **Grato** | Takknemlig |
| **Imbarazzato** | Flau |
| **Noia** | Kjedsomhet |
| **Pace** | Fred |
| **Paura** | Frykt |
| **Rabbia** | Sinne |
| **Rilassato** | Avslappet |
| **Rilievo** | Lettelse |
| **Simpatia** | Sympati |
| **Soddisfatto** | Fornøyd |
| **Sorpresa** | Overraskelse |
| **Tenerezza** | Ømhet |
| **Tranquillità** | Ro |
| **Tristezza** | Tristhet |

## Energia
### Energi

| | |
|---|---|
| **Ambiente** | Miljø |
| **Batteria** | Batteri |
| **Benzina** | Bensin |
| **Calore** | Varme |
| **Carbonio** | Karbon |
| **Carburante** | Brensel |
| **Diesel** | Diesel |
| **Elettrico** | Elektrisk |
| **Elettrone** | Elektron |
| **Entropia** | Entropi |
| **Fotone** | Foton |
| **Idrogeno** | Hydrogen |
| **Industria** | Industri |
| **Inquinamento** | Forurensing |
| **Motore** | Motor |
| **Nucleare** | Nukleær |
| **Rinnovabile** | Fornybar |
| **Turbina** | Turbin |
| **Vapore** | Damp |
| **Vento** | Vind |

## Erboristeria
### Urtemedisin

| | |
|---|---|
| **Aglio** | Hvitløk |
| **Aneto** | Dill |
| **Aromatico** | Aromatisk |
| **Basilico** | Basilikum |
| **Culinario** | Kulinarisk |
| **Dragoncello** | Estragon |
| **Finocchio** | Fennikel |
| **Fiore** | Blomst |
| **Giardino** | Hage |
| **Ingrediente** | Ingrediens |
| **Lavanda** | Lavendel |
| **Maggiorana** | Marjoram |
| **Menta** | Mynte |
| **Origano** | Oregano |
| **Prezzemolo** | Persille |
| **Qualità** | Kvalitet |
| **Rosmarino** | Rosmarin |
| **Timo** | Timian |
| **Verde** | Grønn |
| **Zafferano** | Safran |

## Escursionismo
### Vandring

| | |
|---|---|
| **Acqua** | Vann |
| **Animali** | Dyr |
| **Campeggio** | Camping |
| **Clima** | Klima |
| **Mappa** | Kart |
| **Montagna** | Fjell |
| **Natura** | Natur |
| **Orientamento** | Orientering |
| **Parchi** | Parker |
| **Pericoli** | Farer |
| **Pesante** | Tung |
| **Pietre** | Steiner |
| **Preparazione** | Forberedelse |
| **Scogliera** | Klippe |
| **Selvaggio** | Vill |
| **Sole** | Sol |
| **Stanco** | Trøtt |
| **Stivali** | Støvler |
| **Vertice** | Toppmøte |
| **Zanzare** | Mygg |

## Fantascienza
### Science Fiction

| | |
|---|---|
| **Atomico** | Atom |
| **Cinema** | Kino |
| **Distopia** | Dystopi |
| **Esplosione** | Eksplosjon |
| **Estremo** | Ekstrem |
| **Fantastico** | Fantastisk |
| **Fuoco** | Brann |
| **Futuristico** | Futuristisk |
| **Galassia** | Galaxy |
| **Illusione** | Illusjon |
| **Immaginario** | Innbilt |
| **Libri** | Bøker |
| **Misterioso** | Mystisk |
| **Mondo** | Verden |
| **Oracolo** | Orakel |
| **Pianeta** | Planet |
| **Realistico** | Realistisk |
| **Robot** | Roboter |
| **Tecnologia** | Teknologi |
| **Utopia** | Utopi |

## Fattoria #1
### Gården #1

| | |
|---|---|
| **Acqua** | Vann |
| **Agricoltura** | Landbruk |
| **Ape** | Bie |
| **Asino** | Esel |
| **Campo** | Felt |
| **Cane** | Hund |
| **Capra** | Geit |
| **Cavallo** | Hest |
| **Fertilizzante** | Gjødsel |
| **Fieno** | Høy |
| **Gatto** | Katt |
| **Gregge** | Flokk |
| **Maiale** | Gris |
| **Miele** | Honning |
| **Mucca** | Ku |
| **Pollo** | Kylling |
| **Recinto** | Gjerde |
| **Riso** | Ris |
| **Semi** | Frø |
| **Vitello** | Kalv |

## Fattoria #2
### Gården #2

| | |
|---|---|
| **Agnello** | Lam |
| **Agricoltore** | Bonde |
| **Alveare** | Bikube |
| **Anatra** | And |
| **Animali** | Dyr |
| **Cibo** | Mat |
| **Fienile** | Låve |
| **Frutta** | Frukt |
| **Frutteto** | Frukthage |
| **Grano** | Hvete |
| **Irrigazione** | Vanning |
| **Lama** | Lama |
| **Latte** | Melk |
| **Mais** | Korn |
| **Maturo** | Moden |
| **Orzo** | Bygg |
| **Pastore** | Hyrde |
| **Pecora** | Sau |
| **Prato** | Eng |
| **Trattore** | Traktor |

## Filantropia
### Filantropi

| | |
|---|---|
| **Bambini** | Barn |
| **Bisogno** | Trenge |
| **Carità** | Veldedighet |
| **Comunità** | Samfunnet |
| **Contatti** | Kontakter |
| **Finanza** | Finans |
| **Fondi** | Midler |
| **Generosità** | Gavmildhet |
| **Gioventù** | Ungdom |
| **Globale** | Global |
| **Gruppi** | Grupper |
| **Missione** | Misjon |
| **Obiettivi** | Mål |
| **Onestà** | Ærlighet |
| **Persone** | Folk |
| **Programmi** | Programmer |
| **Pubblico** | Offentlig |
| **Sfide** | Utfordringer |
| **Storia** | Historie |
| **Umanità** | Menneskehet |

## Fiori
### Blomster

| | |
|---|---|
| **Gardenia** | Gardenia |
| **Gelsomino** | Sjasmin |
| **Giglio** | Lilje |
| **Girasole** | Solsikke |
| **Ibisco** | Hibiskus |
| **Lavanda** | Lavendel |
| **Lilla** | Lilla |
| **Magnolia** | Magnolia |
| **Margherita** | Tusenfryd |
| **Mazzo** | Bukett |
| **Narciso** | Påskelilje |
| **Orchidea** | Orkidé |
| **Papavero** | Valmue |
| **Passiflora** | Pasjonsblomst |
| **Peonia** | Peon |
| **Petalo** | Kronblad |
| **Plumeria** | Plumeria |
| **Rosa** | Rose |
| **Trifoglio** | Kløver |
| **Tulipano** | Tulipan |

## Fisica
### Fysikk

| | |
|---|---|
| **Accelerazione** | Akselerasjon |
| **Atomo** | Atom |
| **Caos** | Kaos |
| **Chimico** | Kjemisk |
| **Densità** | Tetthet |
| **Elettrone** | Elektron |
| **Espansione** | Utvidelse |
| **Formula** | Formel |
| **Frequenza** | Frekvens |
| **Gas** | Gass |
| **Gravità** | Tyngdekraft |
| **Magnetismo** | Magnetisme |
| **Meccanica** | Mekanikk |
| **Molecola** | Molekyl |
| **Motore** | Motor |
| **Nucleare** | Nukleær |
| **Particella** | Partikkel |
| **Universale** | Universell |
| **Variabile** | Variabel |
| **Velocità** | Hastighet |

## Foresta Pluviale
### Regnskogen

| | |
|---|---|
| **Anfibi** | Amfibier |
| **Botanico** | Botanisk |
| **Clima** | Klima |
| **Comunità** | Samfunnet |
| **Diversità** | Mangfold |
| **Giungla** | Jungel |
| **Indigeno** | Urfolk |
| **Insetti** | Insekter |
| **Mammiferi** | Pattedyr |
| **Muschio** | Mose |
| **Natura** | Natur |
| **Nuvole** | Skyer |
| **Preservazione** | Bevaring |
| **Prezioso** | Verdifull |
| **Restauro** | Restaurering |
| **Rifugio** | Tilflukt |
| **Rispetto** | Respekt |
| **Sopravvivenza** | Overlevelse |
| **Specie** | Art |
| **Uccelli** | Fugler |

## Forme
### Former

| | |
|---|---|
| **Angolo** | Hjørne |
| **Arco** | Bue |
| **Bordi** | Kanter |
| **Cerchio** | Sirkel |
| **Cilindro** | Sylinder |
| **Cono** | Kjegle |
| **Cubo** | Kube |
| **Curva** | Kurve |
| **Ellisse** | Ellipse |
| **Iperbole** | Hyperbola |
| **Lato** | Side |
| **Linea** | Linje |
| **Ovale** | Oval |
| **Piramide** | Pyramide |
| **Poligono** | Polygon |
| **Prisma** | Prisme |
| **Quadrato** | Torget |
| **Rettangolo** | Rektangel |
| **Sfera** | Sfære |
| **Triangolo** | Trekant |

## Forniture Artistiche
### Kunst Forsyninger

| | |
|---|---|
| **Acqua** | Vann |
| **Acquerelli** | Akvareller |
| **Acrilico** | Akryl |
| **Argilla** | Leire |
| **Carbone** | Kull |
| **Carta** | Papir |
| **Cavalletto** | Staffeli |
| **Colla** | Lim |
| **Colori** | Farger |
| **Creatività** | Kreativitet |
| **Gomma** | Viskelær |
| **Idee** | Ideer |
| **Inchiostro** | Blekk |
| **Matite** | Blyanter |
| **Olio** | Olje |
| **Sedia** | Stol |
| **Spazzole** | Børster |
| **Tavolo** | Bord |
| **Telecamera** | Kamera |
| **Vernici** | Maling |

### Forza e Gravità
#### Kraft og Gravitasjon

| | |
|---|---|
| Asse | Akser |
| Attrito | Friksjon |
| Centro | Sentrum |
| Dinamico | Dynamisk |
| Distanza | Avstand |
| Espansione | Utvidelse |
| Fisica | Fysikk |
| Impatto | Innvirkning |
| Magnetismo | Magnetisme |
| Meccanica | Mekanikk |
| Movimento | Bevegelse |
| Orbita | Bane |
| Peso | Vekt |
| Pianeti | Planeter |
| Pressione | Press |
| Proprietà | Egenskaper |
| Scoperta | Oppdagelse |
| Tempo | Tid |
| Universale | Universell |
| Velocità | Hastighet |

### Frutta
#### Frukt

| | |
|---|---|
| Albicocca | Aprikos |
| Ananas | Ananas |
| Arancia | Oransje |
| Avocado | Avokado |
| Bacca | Bær |
| Banana | Banan |
| Ciliegia | Kirsebær |
| Kiwi | Kiwi |
| Lampone | Bringebær |
| Limone | Sitron |
| Mango | Mango |
| Mela | Eple |
| Melone | Melon |
| Mora | Bjørnebær |
| Nettarina | Nektarin |
| Papaia | Papaya |
| Pera | Pære |
| Pesca | Fersken |
| Prugna | Plomme |
| Uva | Drue |

### Geografia
#### Geografi

| | |
|---|---|
| Altitudine | Høyde |
| Atlante | Atlas |
| Città | By |
| Continente | Kontinent |
| Emisfero | Halvkule |
| Fiume | Elv |
| Isola | Øy |
| Latitudine | Breddegrad |
| Longitudine | Lengdegrad |
| Mappa | Kart |
| Mare | Hav |
| Meridiano | Meridian |
| Mondo | Verden |
| Montagna | Fjell |
| Nord | Nord |
| Ovest | Vest |
| Paese | Land |
| Regione | Region |
| Sud | Sør |
| Territorio | Territorium |

### Geologia
#### Geologi

| | |
|---|---|
| Acido | Syre |
| Altopiano | Platå |
| Calcio | Kalsium |
| Caverna | Hule |
| Continente | Kontinent |
| Corallo | Korall |
| Cristalli | Crystal |
| Erosione | Erosjon |
| Fossile | Fossilt |
| Geyser | Geysir |
| Lava | Lava |
| Minerali | Mineraler |
| Pietra | Stein |
| Quarzo | Kvarts |
| Sale | Salt |
| Stalagmiti | Stalagmitter |
| Stalattite | Stalaktitt |
| Strato | Lag |
| Terremoto | Jordskjelv |
| Vulcano | Vulkan |

### Geometria
#### Geometri

| | |
|---|---|
| Altezza | Høyde |
| Angolo | Vinkel |
| Calcolo | Beregning |
| Cerchio | Sirkel |
| Curva | Kurve |
| Diametro | Diameter |
| Dimensione | Dimensjon |
| Equazione | Ligning |
| Logica | Logikk |
| Mediano | Median |
| Numero | Nummer |
| Orizzontale | Horisontal |
| Parallelo | Parallell |
| Proporzione | Andel |
| Segmento | Segmentet |
| Simmetria | Symmetri |
| Superficie | Flate |
| Teoria | Teori |
| Triangolo | Trekant |
| Verticale | Vertikal |

### Giardinaggio
#### Hagearbeid

| | |
|---|---|
| Acqua | Vann |
| Botanico | Botanisk |
| Clima | Klima |
| Commestibile | Spiselig |
| Compost | Kompost |
| Contenitore | Beholder |
| Esotico | Eksotisk |
| Fiorire | Blomstre |
| Floreale | Blomster |
| Foglia | Blad |
| Fogliame | Løvverk |
| Frutteto | Frukthage |
| Mazzo | Bukett |
| Semi | Frø |
| Specie | Art |
| Sporco | Skitt |
| Stagionale | Sesongmessig |
| Suolo | Jord |
| Tubo | Slange |
| Umidità | Fuktighet |

## Giardino
### Hage

| | |
|---|---|
| Albero | Tre |
| Amaca | Hengekøye |
| Cespuglio | Busk |
| Erba | Gress |
| Erbacce | Ugress |
| Fiore | Blomst |
| Frutteto | Frukthage |
| Garage | Garasje |
| Giardino | Hage |
| Pala | Spade |
| Panca | Benk |
| Prato | Plen |
| Rastrello | Rake |
| Recinto | Gjerde |
| Stagno | Dam |
| Suolo | Jord |
| Terrazza | Terrasse |
| Trampolino | Trampoline |
| Tubo | Slange |
| Vite | Vintreet |

## Giorni e Mesi
### Dager og Måneder

| | |
|---|---|
| Agosto | August |
| Anno | År |
| Aprile | April |
| Calendario | Kalender |
| Dicembre | Desember |
| Domenica | Søndag |
| Febbraio | Februar |
| Gennaio | Januar |
| Giugno | Juni |
| Luglio | Juli |
| Lunedì | Mandag |
| Martedì | Tirsdag |
| Mercoledì | Onsdag |
| Mese | Måned |
| Novembre | November |
| Ottobre | Oktober |
| Sabato | Lørdag |
| Settembre | September |
| Settimana | Uke |
| Venerdì | Fredag |

## Governo
### Myndighetene

| | |
|---|---|
| Capo | Leder |
| Civile | Sivil |
| Costituzione | Grunnlov |
| Democrazia | Demokrati |
| Discorso | Tale |
| Discussione | Diskusjon |
| Giudiziario | Rettslig |
| Giustizia | Rettferdighet |
| Indipendenza | Uavhengighet |
| Legale | Lovlig |
| Legge | Lov |
| Libertà | Frihet |
| Monumento | Monument |
| Nazionale | Nasjonal |
| Nazione | Nasjon |
| Politica | Politikk |
| Quartiere | Distrikt |
| Simbolo | Symbol |
| Stato | Stat |
| Uguaglianza | Likestilling |

## Guida
### Kjøring

| | |
|---|---|
| Auto | Bil |
| Autobus | Buss |
| Carburante | Brensel |
| Freni | Bremser |
| Garage | Garasje |
| Gas | Gass |
| Incidente | Ulykke |
| Licenza | Lisens |
| Mappa | Kart |
| Moto | Motorsykkel |
| Motore | Motor |
| Pedonale | Fotgjenger |
| Pericolo | Fare |
| Polizia | Politi |
| Sicurezza | Sikkerhet |
| Strada | Vei |
| Traffico | Trafikk |
| Trasporto | Transport |
| Tunnel | Tunnel |
| Velocità | Hastighet |

## I Media
### Mediene

| | |
|---|---|
| Commerciale | Kommersiell |
| Comunicazione | Kommunikasjon |
| Digitale | Digitalt |
| Edizione | Utgave |
| Educazione | Utdanning |
| Fatti | Fakta |
| Finanziamento | Finansiering |
| Foto | Bilder |
| Giornali | Aviser |
| Individuale | Individ |
| Industria | Industri |
| Intellettuale | Intellektuell |
| Locale | Lokal |
| Online | Online |
| Opinione | Mening |
| Pubblicità | Annonser |
| Pubblico | Offentlig |
| Radio | Radio |
| Rete | Nettverk |
| Televisione | Tv |

## Imbarcazioni
### Båter

| | |
|---|---|
| Albero | Mast |
| Ancora | Anker |
| Barca a Vela | Seilbåt |
| Boa | Bøye |
| Canoa | Kano |
| Corda | Tau |
| Equipaggio | Mannskap |
| Fiume | Elv |
| Kayak | Kajakk |
| Lago | Innsjø |
| Mare | Hav |
| Marea | Tidevann |
| Marinaio | Sjømann |
| Marittimo | Maritim |
| Motore | Motor |
| Nautico | Nautisk |
| Onde | Bølger |
| Traghetto | Ferje |
| Yacht | Yacht |
| Zattera | Flåte |

## Ingegneria
### Teknisk

| | |
|---|---|
| **Angolo** | Vinkel |
| **Asse** | Akser |
| **Calcolo** | Beregning |
| **Costruzione** | Konstruksjon |
| **Diagramma** | Diagram |
| **Diametro** | Diameter |
| **Diesel** | Diesel |
| **Distribuzione** | Distribusjon |
| **Energia** | Energi |
| **Forza** | Styrke |
| **Leve** | Spaker |
| **Liquido** | Væske |
| **Macchina** | Maskin |
| **Misurazione** | Mål |
| **Motore** | Motor |
| **Profondità** | Dybde |
| **Propulsione** | Fremdrift |
| **Rotazione** | Rotasjon |
| **Stabilità** | Stabilitet |
| **Struttura** | Struktur |

## Jazz
### Jazz

| | |
|---|---|
| **Album** | Album |
| **Applauso** | Applaus |
| **Artista** | Kunstner |
| **Canzone** | Sang |
| **Compositore** | Komponist |
| **Composizione** | Sammensetning |
| **Concerto** | Konsert |
| **Enfasi** | Vekt |
| **Famoso** | Berømt |
| **Genere** | Sjanger |
| **Improvvisazione** | Improvisasjon |
| **Musica** | Musikk |
| **Nuovo** | Ny |
| **Orchestra** | Orkester |
| **Preferiti** | Favoritter |
| **Ritmo** | Rytme |
| **Stile** | Stil |
| **Talento** | Talent |
| **Tecnica** | Teknikk |
| **Vecchio** | Gammel |

## L'Azienda
### Selskapet

| | |
|---|---|
| **Creativo** | Kreativ |
| **Decisione** | Beslutning |
| **Globale** | Global |
| **Industria** | Industri |
| **Innovativo** | Innovativ |
| **Investimento** | Investering |
| **Occupazione** | Sysselsetting |
| **Possibilità** | Mulighet |
| **Presentazione** | Presentasjon |
| **Prodotto** | Produkt |
| **Professionale** | Profesjonell |
| **Progresso** | Framgang |
| **Qualità** | Kvalitet |
| **Reddito** | Inntekter |
| **Reputazione** | Rykte |
| **Rischi** | Risiko |
| **Risorse** | Ressurser |
| **Salari** | Lønn |
| **Tendenze** | Trender |
| **Unità** | Enheter |

## Letteratura
### Litteratur

| | |
|---|---|
| **Analisi** | Analyse |
| **Analogia** | Analogi |
| **Aneddoto** | Anekdote |
| **Autore** | Forfatter |
| **Biografia** | Biografi |
| **Conclusione** | Konklusjon |
| **Confronto** | Sammenligning |
| **Descrizione** | Beskrivelse |
| **Dialogo** | Dialog |
| **Genere** | Sjanger |
| **Metafora** | Metafor |
| **Opinione** | Mening |
| **Poesia** | Dikt |
| **Poetico** | Poetisk |
| **Rima** | Rim |
| **Ritmo** | Rytme |
| **Romanzo** | Roman |
| **Stile** | Stil |
| **Tema** | Tema |
| **Tragedia** | Tragedie |

## Libri
### Reserve

| | |
|---|---|
| **Autore** | Forfatter |
| **Avventura** | Eventyr |
| **Collezione** | Samling |
| **Contesto** | Kontekst |
| **Dualità** | Dualitet |
| **Epico** | Episk |
| **Inventivo** | Oppfinnsom |
| **Letterario** | Litterær |
| **Lettore** | Leser |
| **Narratore** | Forteller |
| **Pagina** | Side |
| **Poesia** | Poesi |
| **Rilevante** | Aktuell |
| **Romanzo** | Roman |
| **Scritto** | Skrevet |
| **Serie** | Serie |
| **Storia** | Historie |
| **Storico** | Historisk |
| **Tragico** | Tragisk |
| **Umoristico** | Humoristisk |

## Malattia
### Sykdom

| | |
|---|---|
| **Acuto** | Akutt |
| **Allergie** | Allergi |
| **Batterico** | Bakteriell |
| **Benessere** | Velvære |
| **Contagioso** | Smittsom |
| **Corpo** | Kropp |
| **Cronico** | Kronisk |
| **Cuore** | Hjerte |
| **Debole** | Svak |
| **Ereditario** | Arvelig |
| **Genetico** | Genetisk |
| **Immunità** | Immunitet |
| **Infiammazione** | Betennelse |
| **Lombare** | Lumbar |
| **Neuropatia** | Nevropati |
| **Polmonare** | Lunge |
| **Respiratorio** | Luftveiene |
| **Salute** | Helse |
| **Sindrome** | Syndrom |
| **Terapia** | Terapi |

## Mammiferi
### Pattedyr

|  |  |
|---|---|
| **Balena** | Hval |
| **Cane** | Hund |
| **Canguro** | Kenguru |
| **Cavallo** | Hest |
| **Cervo** | Hjort |
| **Coniglio** | Kanin |
| **Coyote** | Prærieulv |
| **Delfino** | Delfin |
| **Elefante** | Elefant |
| **Gatto** | Katt |
| **Giraffa** | Sjiraff |
| **Gorilla** | Gorilla |
| **Leone** | Løve |
| **Lupo** | Ulv |
| **Orso** | Bjørn |
| **Pecora** | Sau |
| **Scimmia** | Ape |
| **Toro** | Okse |
| **Volpe** | Rev |
| **Zebra** | Sebra |

## Matematica
### Matematikk

|  |  |
|---|---|
| **Angoli** | Vinkler |
| **Aritmetica** | Aritmetikk |
| **Decimale** | Desimal |
| **Diametro** | Diameter |
| **Divisione** | Divisjon |
| **Equazione** | Ligning |
| **Esponente** | Eksponent |
| **Frazione** | Brøkdel |
| **Geometria** | Geometri |
| **Parallelo** | Parallell |
| **Perimetro** | Omkrets |
| **Poligono** | Polygon |
| **Quadrato** | Torget |
| **Raggio** | Radius |
| **Rettangolo** | Rektangel |
| **Sfera** | Sfære |
| **Simmetria** | Symmetri |
| **Somma** | Sum |
| **Triangolo** | Trekant |
| **Volume** | Volum |

## Meditazione
### Meditasjon

|  |  |
|---|---|
| **Accettazione** | Aksept |
| **Attenzione** | Oppmerksomhet |
| **Calma** | Rolig |
| **Chiarezza** | Klarhet |
| **Compassione** | Medfølelse |
| **Emozioni** | Følelser |
| **Gentilezza** | Vennlighet |
| **Gratitudine** | Takknemlighet |
| **Mentale** | Mental |
| **Mente** | Sinn |
| **Movimento** | Bevegelse |
| **Musica** | Musikk |
| **Natura** | Natur |
| **Osservazione** | Observasjon |
| **Pace** | Fred |
| **Pensieri** | Tanker |
| **Postura** | Holdning |
| **Prospettiva** | Perspektiv |
| **Respirazione** | Puste |
| **Silenzio** | Stillhet |

## Meteo
### Været

|  |  |
|---|---|
| **Arcobaleno** | Regnbue |
| **Asciutto** | Tørr |
| **Atmosfera** | Atmosfære |
| **Brezza** | Bris |
| **Cielo** | Himmel |
| **Clima** | Klima |
| **Fulmine** | Lyn |
| **Ghiaccio** | Is |
| **Monsone** | Monsun |
| **Nebbia** | Tåke |
| **Nube** | Sky |
| **Polare** | Polar |
| **Siccità** | Tørke |
| **Temperatura** | Temperatur |
| **Tempesta** | Storm |
| **Tornado** | Tornado |
| **Tropicale** | Tropisk |
| **Tuono** | Torden |
| **Uragano** | Orkan |
| **Vento** | Vind |

## Misurazioni
### Målinger

|  |  |
|---|---|
| **Altezza** | Høyde |
| **Byte** | Byte |
| **Centimetro** | Centimeter |
| **Chilogrammo** | Kilo |
| **Chilometro** | Kilometer |
| **Decimale** | Desimal |
| **Grado** | Grad |
| **Grammo** | Gram |
| **Larghezza** | Bredde |
| **Litro** | Liter |
| **Lunghezza** | Lengde |
| **Metro** | Meter |
| **Minuto** | Minutt |
| **Oncia** | Unse |
| **Peso** | Vekt |
| **Pinta** | Halvliter |
| **Pollice** | Tomme |
| **Profondità** | Dybde |
| **Tonnellata** | Tonn |
| **Volume** | Volum |

## Mitologia
### Mytologi

|  |  |
|---|---|
| **Archetipo** | Arketype |
| **Comportamento** | Oppførsel |
| **Creatura** | Skapning |
| **Creazione** | Skapelse |
| **Credenze** | Tro |
| **Cultura** | Kultur |
| **Disastro** | Katastrofe |
| **Eroe** | Helt |
| **Forza** | Styrke |
| **Fulmine** | Lyn |
| **Gelosia** | Sjalusi |
| **Guerriero** | Kriger |
| **Immortalità** | Udødelighet |
| **Labirinto** | Labyrint |
| **Leggenda** | Legende |
| **Magico** | Magisk |
| **Mortale** | Dødelig |
| **Mostro** | Monster |
| **Tuono** | Torden |
| **Vendetta** | Hevn |

## Moda
### Mote

| | |
|---|---|
| **Abbigliamento** | Klær |
| **Boutique** | Boutique |
| **Caro** | Dyrt |
| **Confortevole** | Komfortabel |
| **Elegante** | Elegant |
| **Minimalista** | Minimalistisk |
| **Modello** | Mønster |
| **Moderno** | Moderne |
| **Modesto** | Beskjeden |
| **Originale** | Original |
| **Pizzo** | Blonder |
| **Pratico** | Praktisk |
| **Pulsanti** | Knapper |
| **Ricamo** | Broderi |
| **Semplice** | Enkel |
| **Sofisticato** | Sofistikert |
| **Stile** | Stil |
| **Tendenza** | Trend |
| **Tessuto** | Stoff |
| **Trama** | Tekstur |

## Musica
### Musikk

| | |
|---|---|
| **Album** | Album |
| **Armonia** | Harmoni |
| **Armonico** | Harmonisk |
| **Ballata** | Ballade |
| **Cantante** | Sanger |
| **Cantare** | Synge |
| **Classico** | Klassisk |
| **Coro** | Kor |
| **Lirico** | Lyrisk |
| **Melodia** | Melodi |
| **Microfono** | Mikrofon |
| **Musicale** | Musikalsk |
| **Musicista** | Musiker |
| **Opera** | Opera |
| **Poetico** | Poetisk |
| **Registrazione** | Innspilling |
| **Ritmico** | Rytmisk |
| **Ritmo** | Rytme |
| **Strumento** | Instrument |
| **Vocale** | Vokal |

## Natura
### Naturen

| | |
|---|---|
| **Animali** | Dyr |
| **Api** | Bier |
| **Artico** | Arktisk |
| **Bellezza** | Skjønnhet |
| **Deserto** | Ørken |
| **Dinamico** | Dynamisk |
| **Erosione** | Erosjon |
| **Fiume** | Elv |
| **Fogliame** | Løvverk |
| **Foresta** | Skog |
| **Ghiacciaio** | Isbre |
| **Montagne** | Fjell |
| **Nebbia** | Tåke |
| **Nuvole** | Skyer |
| **Rifugio** | Ly |
| **Santuario** | Helligdom |
| **Selvaggio** | Vill |
| **Sereno** | Rolig |
| **Tropicale** | Tropisk |
| **Vitale** | Viktig |

## Numeri
### Antall

| | |
|---|---|
| **Cinque** | Fem |
| **Decimale** | Desimal |
| **Diciannove** | Nitten |
| **Diciassette** | Sytten |
| **Diciotto** | Atten |
| **Dieci** | Ti |
| **Dodici** | Tolv |
| **Due** | To |
| **Nove** | Ni |
| **Otto** | Åtte |
| **Quattordici** | Fjorten |
| **Quattro** | Fire |
| **Quindici** | Femten |
| **Sedici** | Seksten |
| **Sei** | Seks |
| **Sette** | Syv |
| **Tre** | Tre |
| **Tredici** | Tretten |
| **Venti** | Tjue |
| **Zero** | Null |

## Nutrizione
### Ernæring

| | |
|---|---|
| **Amaro** | Bitter |
| **Appetito** | Appetitt |
| **Bilanciato** | Balansert |
| **Calorie** | Kalorier |
| **Carboidrati** | Karbohydrater |
| **Commestibile** | Spiselig |
| **Dieta** | Diett |
| **Digestione** | Fordøyelse |
| **Fermentazione** | Gjæring |
| **Liquidi** | Væsker |
| **Nutriente** | Næringsstoff |
| **Peso** | Vekt |
| **Proteine** | Proteiner |
| **Qualità** | Kvalitet |
| **Salsa** | Saus |
| **Salute** | Helse |
| **Sano** | Sunn |
| **Spezie** | Krydder |
| **Tossina** | Gift |
| **Vitamina** | Vitamin |

## Oceano
### Havet

| | |
|---|---|
| **Anguilla** | Ål |
| **Balena** | Hval |
| **Barca** | Båt |
| **Corallo** | Korall |
| **Delfino** | Delfin |
| **Gamberetto** | Reke |
| **Granchio** | Krabbe |
| **Maree** | Tidevann |
| **Medusa** | Manet |
| **Onde** | Bølger |
| **Ostrica** | Østers |
| **Pesce** | Fisk |
| **Polpo** | Blekksprut |
| **Sale** | Salt |
| **Scogliera** | Rev |
| **Spugna** | Svamp |
| **Squalo** | Hai |
| **Tartaruga** | Skilpadde |
| **Tempesta** | Storm |
| **Tonno** | Tunfisk |

## Paesaggi
### Landskap

| | |
|---|---|
| Cascata | Foss |
| Collina | Ås |
| Deserto | Ørken |
| Dune | Sanddynene |
| Fiume | Elv |
| Geyser | Geysir |
| Ghiacciaio | Isbre |
| Grotta | Hule |
| Iceberg | Isfjell |
| Isola | Øy |
| Lago | Innsjø |
| Mare | Hav |
| Montagna | Fjell |
| Oasi | Oase |
| Palude | Sump |
| Penisola | Halvøy |
| Spiaggia | Strand |
| Tundra | Tundra |
| Valle | Dal |
| Vulcano | Vulkan |

## Paesi #1
### Land #1

| | |
|---|---|
| Brasile | Brasil |
| Cambogia | Kambodsja |
| Canada | Canada |
| Egitto | Egypt |
| Finlandia | Finland |
| Germania | Tyskland |
| India | India |
| Iraq | Irak |
| Israele | Israel |
| Libia | Libya |
| Mali | Mali |
| Marocco | Marokko |
| Norvegia | Norge |
| Panama | Panama |
| Polonia | Polen |
| Romania | Romania |
| Senegal | Senegal |
| Spagna | Spania |
| Venezuela | Venezuela |
| Vietnam | Vietnam |

## Paesi #2
### Land #2

| | |
|---|---|
| Albania | Albania |
| Danimarca | Danmark |
| Etiopia | Etiopia |
| Giamaica | Jamaica |
| Giappone | Japan |
| Grecia | Hellas |
| Haiti | Haiti |
| Indonesia | Indonesia |
| Irlanda | Irland |
| Laos | Laos |
| Liberia | Liberia |
| Messico | Mexico |
| Nepal | Nepal |
| Nigeria | Nigeria |
| Pakistan | Pakistan |
| Russia | Russland |
| Siria | Syria |
| Sudan | Sudan |
| Ucraina | Ukraina |
| Uganda | Uganda |

## Piante
### Planter

| | |
|---|---|
| Albero | Tre |
| Bacca | Bær |
| Bambù | Bambus |
| Botanica | Botanikk |
| Cactus | Kaktus |
| Cespuglio | Busk |
| Crescere | Vokse |
| Edera | Eføy |
| Erba | Gress |
| Fagiolo | Bønne |
| Fertilizzante | Gjødsel |
| Fiore | Blomst |
| Flora | Flora |
| Fogliame | Løvverk |
| Foresta | Skog |
| Giardino | Hage |
| Muschio | Mose |
| Petalo | Kronblad |
| Radice | Rot |
| Vegetazione | Vegetasjon |

## Professioni #1
### Yrker # 1

| | |
|---|---|
| Allenatore | Trener |
| Ambasciatore | Ambassadør |
| Artista | Kunstner |
| Astronomo | Astronom |
| Avvocato | Advokat |
| Ballerino | Danser |
| Banchiere | Bankier |
| Cacciatore | Jeger |
| Cartografo | Kartograf |
| Editore | Redaktør |
| Farmacista | Farmasøyt |
| Geologo | Geolog |
| Gioielliere | Gullsmed |
| Idraulico | Rørlegger |
| Infermiera | Sykepleier |
| Musicista | Musiker |
| Pianista | Pianist |
| Psicologo | Psykolog |
| Scienziato | Forsker |
| Veterinario | Veterinær |

## Professioni #2
### Yrker # 2

| | |
|---|---|
| Astronauta | Astronaut |
| Bibliotecario | Bibliotekar |
| Biologo | Biolog |
| Chirurgo | Kirurg |
| Dentista | Tannlege |
| Filosofo | Filosof |
| Fotografo | Fotograf |
| Giardiniere | Gartner |
| Giornalista | Journalist |
| Illustratore | Illustratør |
| Ingegnere | Ingeniør |
| Insegnante | Lærer |
| Inventore | Oppfinner |
| Investigatore | Etterforsker |
| Linguista | Lingvist |
| Medico | Lege |
| Pilota | Pilot |
| Pittore | Maler |
| Ricercatore | Forsker |
| Zoologo | Zoolog |

## Psicologia
### Psykologi

| | |
|---|---|
| **Appuntamento** | Avtale |
| **Clinico** | Klinisk |
| **Cognizione** | Kognisjon |
| **Comportamento** | Oppførsel |
| **Conflitto** | Konflikt |
| **Ego** | Ego |
| **Emozioni** | Følelser |
| **Esperienze** | Erfaringer |
| **Idee** | Ideer |
| **Inconscio** | Bevisstløs |
| **Infanzia** | Barndom |
| **Influenze** | Påvirkninger |
| **Pensieri** | Tanker |
| **Percezione** | Oppfatning |
| **Personalità** | Personlighet |
| **Problema** | Problem |
| **Realtà** | Virkelighet |
| **Sensazione** | Følelse |
| **Terapia** | Terapi |
| **Valutazione** | Vurdering |

## Riscaldamento Globale
### Global Oppvarming

| | |
|---|---|
| **Ambientale** | Miljø |
| **Artico** | Arktisk |
| **Attenzione** | Oppmerksomhet |
| **Clima** | Klima |
| **Conseguenze** | Konsekvenser |
| **Crisi** | Krise |
| **Dati** | Data |
| **Energia** | Energi |
| **Futuro** | Fremtid |
| **Gas** | Gass |
| **Generazioni** | Generasjoner |
| **Governo** | Regjering |
| **Habitat** | Habitater |
| **Industria** | Industri |
| **Internazionale** | Internasjonal |
| **Legislazione** | Lovgivning |
| **Ora** | Nå |
| **Scienziato** | Forsker |
| **Sviluppo** | Utvikling |
| **Temperature** | Temperaturer |

## Ristorante #2
### Restaurant # 2

| | |
|---|---|
| **Acqua** | Vann |
| **Aperitivo** | Forrett |
| **Bevanda** | Drikk |
| **Cameriere** | Kelner |
| **Cena** | Middag |
| **Cucchiaio** | Skje |
| **Delizioso** | Deilig |
| **Forchetta** | Gaffel |
| **Frutta** | Frukt |
| **Ghiaccio** | Is |
| **Insalata** | Salat |
| **Minestra** | Suppe |
| **Pesce** | Fisk |
| **Pranzo** | Lunsj |
| **Sale** | Salt |
| **Sedia** | Stol |
| **Spezie** | Krydder |
| **Torta** | Kake |
| **Uova** | Egg |
| **Verdure** | Grønnsaker |

## Salute e Benessere #1
### Helse og Velvære #1

| | |
|---|---|
| **Abitudine** | Vane |
| **Altezza** | Høyde |
| **Attivo** | Aktiv |
| **Batteri** | Bakterie |
| **Clinica** | Klinikk |
| **Fame** | Sult |
| **Farmacia** | Apotek |
| **Frattura** | Brudd |
| **Medicina** | Medisin |
| **Medico** | Lege |
| **Muscoli** | Muskler |
| **Nervi** | Nerver |
| **Ormoni** | Hormoner |
| **Pelle** | Hud |
| **Postura** | Holdning |
| **Riflesso** | Refleks |
| **Rilassamento** | Avslapning |
| **Terapia** | Terapi |
| **Trattamento** | Behandling |
| **Virus** | Virus |

## Salute e Benessere #2
### Helse og Velvære #2

| | |
|---|---|
| **Allergia** | Allergi |
| **Anatomia** | Anatomi |
| **Appetito** | Appetitt |
| **Caloria** | Kalori |
| **Corpo** | Kropp |
| **Dieta** | Diett |
| **Digestione** | Fordøyelse |
| **Disidratazione** | Dehydrering |
| **Energia** | Energi |
| **Genetica** | Genetikk |
| **Igiene** | Hygiene |
| **Infezione** | Infeksjon |
| **Malattia** | Sykdom |
| **Massaggio** | Massasje |
| **Nutrizione** | Ernæring |
| **Ospedale** | Sykehus |
| **Peso** | Vekt |
| **Sangue** | Blod |
| **Sano** | Sunn |
| **Vitamina** | Vitamin |

## Scienza
### Vitenskap

| | |
|---|---|
| **Atomo** | Atom |
| **Chimico** | Kjemisk |
| **Clima** | Klima |
| **Dati** | Data |
| **Esperimento** | Eksperiment |
| **Evoluzione** | Evolusjon |
| **Fatto** | Faktum |
| **Fisica** | Fysikk |
| **Fossile** | Fossilt |
| **Gravità** | Tyngdekraft |
| **Ipotesi** | Hypotese |
| **Laboratorio** | Laboratorium |
| **Metodo** | Metode |
| **Minerali** | Mineraler |
| **Molecole** | Molekyler |
| **Natura** | Natur |
| **Organismo** | Organisme |
| **Osservazione** | Observasjon |
| **Particelle** | Partikler |
| **Scienziato** | Forsker |

## Spezie
### Krydder

| | |
|---|---|
| **Aglio** | Hvitløk |
| **Amaro** | Bitter |
| **Anice** | Anis |
| **Cannella** | Kanel |
| **Cardamomo** | Kardemomme |
| **Cipolla** | Løk |
| **Coriandolo** | Koriander |
| **Cumino** | Spisskummen |
| **Curcuma** | Gurkemeie |
| **Curry** | Karri |
| **Dolce** | Søt |
| **Finocchio** | Fennikel |
| **Liquirizia** | Lakris |
| **Noce Moscata** | Muskat |
| **Paprika** | Paprika |
| **Pepe** | Pepper |
| **Sale** | Salt |
| **Vaniglia** | Vanilje |
| **Zafferano** | Safran |
| **Zenzero** | Ingefær |

## Strumenti Musicali
### Musikkinstrumenter

| | |
|---|---|
| **Armonica** | Munnspill |
| **Arpa** | Harpe |
| **Banjo** | Banjo |
| **Chitarra** | Gitar |
| **Clarinetto** | Klarinett |
| **Fagotto** | Fagott |
| **Flauto** | Fløyte |
| **Gong** | Gong |
| **Mandolino** | Mandolin |
| **Marimba** | Marimba |
| **Oboe** | Obo |
| **Percussione** | Perkusjon |
| **Pianoforte** | Piano |
| **Sassofono** | Saksofon |
| **Tamburello** | Tamburin |
| **Tamburo** | Tromme |
| **Tromba** | Trompet |
| **Trombone** | Trombone |
| **Violino** | Fiolin |
| **Violoncello** | Cello |

## Tempo
### Tid

| | |
|---|---|
| **Anno** | År |
| **Annuale** | Årlig |
| **Calendario** | Kalender |
| **Decennio** | Tiår |
| **Dopo** | Etter |
| **Futuro** | Fremtid |
| **Giorno** | Dag |
| **Ieri** | I Går |
| **Mattina** | Morgen |
| **Mese** | Måned |
| **Mezzogiorno** | Middagstid |
| **Minuto** | Minutt |
| **Notte** | Natt |
| **Oggi** | I Dag |
| **Ora** | Time |
| **Orologio** | Klokke |
| **Presto** | Snart |
| **Prima** | Før |
| **Secolo** | Århundre |
| **Settimana** | Uke |

## Tipi di Capelli
### Hårtyper

| | |
|---|---|
| **Argento** | Sølv |
| **Asciutto** | Tørr |
| **Bianco** | Hvit |
| **Biondo** | Blond |
| **Breve** | Kort |
| **Calvo** | Skallet |
| **Colorato** | Farget |
| **Grigio** | Grå |
| **Intrecciato** | Flettet |
| **Liscio** | Glatt |
| **Lungo** | Lang |
| **Marrone** | Brun |
| **Morbido** | Myk |
| **Nero** | Svart |
| **Riccio** | Krøllet |
| **Riccioli** | Krøller |
| **Sano** | Sunn |
| **Sottile** | Tynn |
| **Spessore** | Tykk |
| **Trecce** | Fletter |

## Uccelli
### Fugler

| | |
|---|---|
| **Airone** | Hegre |
| **Anatra** | And |
| **Aquila** | Ørn |
| **Cicogna** | Stork |
| **Cigno** | Svanen |
| **Cuculo** | Gjøk |
| **Falco** | Hauk |
| **Fenicottero** | Flamingo |
| **Gabbiano** | Måke |
| **Oca** | Gås |
| **Pappagallo** | Papegøye |
| **Passero** | Spurv |
| **Pavone** | Påfugl |
| **Pellicano** | Pelikan |
| **Piccione** | Due |
| **Pinguino** | Pingvin |
| **Pollo** | Kylling |
| **Struzzo** | Struts |
| **Tucano** | Toucan |
| **Uovo** | Egg |

## Universo
### Universet

| | |
|---|---|
| **Asteroide** | Asteroide |
| **Astronomia** | Astronomi |
| **Astronomo** | Astronom |
| **Atmosfera** | Atmosfære |
| **Buio** | Mørke |
| **Celeste** | Himmelsk |
| **Cielo** | Himmel |
| **Cosmico** | Kosmisk |
| **Emisfero** | Halvkule |
| **Galassia** | Galaxy |
| **Latitudine** | Breddegrad |
| **Longitudine** | Lengdegrad |
| **Luna** | Måne |
| **Orbita** | Bane |
| **Orizzonte** | Horisont |
| **Solare** | Solar |
| **Solstizio** | Solverv |
| **Telescopio** | Teleskop |
| **Visibile** | Synlig |
| **Zodiaco** | Dyrekretsen |

## Vacanze #2
### Ferie # 2

| | |
|---|---|
| **Aeroporto** | Flyplassen |
| **Campeggio** | Camping |
| **Destinazione** | Destinasjon |
| **Foto** | Bilder |
| **Hotel** | Hotell |
| **Isola** | Øy |
| **Mappa** | Kart |
| **Mare** | Hav |
| **Passaporto** | Pass |
| **Ristorante** | Restaurant |
| **Spiaggia** | Strand |
| **Straniero** | Utlending |
| **Taxi** | Taxi |
| **Tempo Libero** | Fritid |
| **Tenda** | Telt |
| **Trasporto** | Transport |
| **Treno** | Tog |
| **Vacanza** | Ferie |
| **Viaggio** | Reise |
| **Visto** | Visum |

## Veicoli
### Kjøretøy

| | |
|---|---|
| **Aereo** | Fly |
| **Ambulanza** | Ambulanse |
| **Auto** | Bil |
| **Autobus** | Buss |
| **Barca** | Båt |
| **Bicicletta** | Sykkel |
| **Camion** | Lastebil |
| **Caravan** | Campingvogn |
| **Elicottero** | Helikopter |
| **Metropolitana** | T |
| **Motore** | Motor |
| **Pneumatici** | Dekk |
| **Razzo** | Rakett |
| **Scooter** | Scooter |
| **Sottomarino** | Undervannsbåt |
| **Taxi** | Taxi |
| **Traghetto** | Ferje |
| **Trattore** | Traktor |
| **Treno** | Tog |
| **Zattera** | Flåte |

## Verdure
### Grønnsaker

| | |
|---|---|
| **Aglio** | Hvitløk |
| **Broccolo** | Brokkoli |
| **Carciofo** | Artisjokk |
| **Carota** | Gulrot |
| **Cetriolo** | Agurk |
| **Cipolla** | Løk |
| **Fungo** | Sopp |
| **Insalata** | Salat |
| **Melanzana** | Aubergine |
| **Patata** | Potet |
| **Pisello** | Ert |
| **Pomodoro** | Tomat |
| **Prezzemolo** | Persille |
| **Rapa** | Nepe |
| **Ravanello** | Reddik |
| **Scalogno** | Sjalottløk |
| **Sedano** | Selleri |
| **Spinaci** | Spinat |
| **Zenzero** | Ingefær |
| **Zucca** | Gresskar |

## Vestiti
### Klær

| | |
|---|---|
| **Abito** | Kjole |
| **Braccialetto** | Armbånd |
| **Camicetta** | Bluse |
| **Camicia** | Skjorte |
| **Cappello** | Hatt |
| **Cappotto** | Frakk |
| **Cintura** | Belte |
| **Collana** | Halskjede |
| **Giacca** | Jakke |
| **Gonna** | Skjørt |
| **Grembiule** | Forkle |
| **Guanti** | Hansker |
| **Jeans** | Jeans |
| **Maglione** | Genser |
| **Moda** | Mote |
| **Pantaloni** | Bukse |
| **Pigiama** | Pyjamas |
| **Sandali** | Sandaler |
| **Scarpa** | Sko |
| **Sciarpa** | Skjerf |

# Congratulazioni

**Ce l'hai fatta!**

Speriamo che questo libro vi sia piaciuto tanto quanto a noi è piaciuto concepirlo. Ci sforziamo di creare libri della più alta qualità possibile.
Questa edizione è progettata per fornire un apprendimento intelligente, di qualità e divertente!

Le è piaciuto questo libro?

-------

## Una Semplice Richiesta

Questi libri esistono grazie alle recensioni che pubblicate.

Puoi aiutarci lasciando una recensione
ora a questo link ?

BestBooksActivity.com/Recensioni50

# SFIDA FINALE!

## Sfida n°1

Sei pronto per il tuo gioco gratuito? Li usiamo sempre, ma non sono così facili da trovare - ecco i **Sinonimi!**
Scrivi 5 parole che hai trovato nei puzzle (n° 21, n° 36, n° 76) e prova a trovare 2 sinonimi per ogni parola.

### Scrivi 5 parole del *Puzzle 21*

| Parole | Sinonimo 1 | Sinonimo 2 |
|---|---|---|
|  |  |  |
|  |  |  |
|  |  |  |
|  |  |  |
|  |  |  |

### Scrivi 5 parole del *Puzzle 36*

| Parole | Sinonimo 1 | Sinonimo 2 |
|---|---|---|
|  |  |  |
|  |  |  |
|  |  |  |
|  |  |  |
|  |  |  |

### Scrivi 5 parole del *Puzzle 76*

| Parole | Sinonimo 1 | Sinonimo 2 |
|---|---|---|
|  |  |  |
|  |  |  |
|  |  |  |
|  |  |  |
|  |  |  |

# Sfida n°2

Ora che ti sei riscaldato, scrivi 5 parole che hai trovato nei puzzle n° 9, n° 17 e n° 25 e cerca di trovare 2 contrari per ogni parola. Quanti ne puoi trovare in 20 minuti?

*Scrivi 5 parole del* **Puzzle 9**

| Parole | Antonimo 1 | Antonimo 2 |
|--------|------------|------------|
|        |            |            |
|        |            |            |
|        |            |            |
|        |            |            |
|        |            |            |

*Scrivi 5 parole del* **Puzzle 17**

| Parole | Antonimo 1 | Antonimo 2 |
|--------|------------|------------|
|        |            |            |
|        |            |            |
|        |            |            |
|        |            |            |
|        |            |            |

*Scrivi 5 parole del* **Puzzle 25**

| Parole | Antonimo 1 | Antonimo 2 |
|--------|------------|------------|
|        |            |            |
|        |            |            |
|        |            |            |
|        |            |            |
|        |            |            |

# Sfida n°3

Grande! Questa sfida non è niente per te!

Pronto per la sfida finale? Scegli 10 parole che hai scoperto nei diversi puzzle e scrivile qui sotto.

| | |
|---|---|
| 1. | 6. |
| 2. | 7. |
| 3. | 8. |
| 4. | 9. |
| 5. | 10. |

Ora scrivi un testo pensando a una persona, un animale o un luogo che ti piace.

*Puoi usare l'ultima pagina di questo libro come bozza.*

## La tua composizione:

_____

_____

_____

_____

_____

_____

_____

_____

# TACCUINO:

# A PRESTO!

*Tutta la Squadra*